신규 교사를 위한

학급 생존 매뉴얼

이현지 저

신규 교사를 위한 학급 생존 매뉴얼

1판 1쇄 발행 2026년 3월 5일

지은이 | 이현지
펴낸이 | 모흥숙
펴낸곳 | 내하출판사

_이 책을 만든 사람들
편집 | 박윤희, 이지수
기획 | 박은성, 안나영
그림 | 김병용

주소 | 서울시 용산구 한강대로 104 라길 3 내하빌딩 4층
전화 | 02-775-3241~4
팩스 | 02-775-3246
이메일 | naeha@naeha.co.kr
홈페이지 | http://www.naeha.co.kr

값 19,000원

ISBN 978-89-5717-618-4 (13300)

신규 교사를 위한

학급 생존 매뉴얼

이현지 저

신규 교사에게 낯선 학교 현장

학생, 학부모, 수업, 업무 등

모든 학교생활 전반을 담은 실전 매뉴얼

Prologue

9월 1일자로 2학년 담임을 맡은 첫날, 교실은 혼란 그 자체였습니다. 한 학생은 학교를 탈출했고, 다른 두 학생은 1교시부터 4교시까지 칠판 앞에 드러누운 채 소란을 피웠습니다. 그로 인해 수업은 전혀 진행할 수 없었습니다. 나머지 아이들 역시 상황이 녹록지 않았습니다. 1학년부터 2학년 1학기까지 약 1년 반 동안 코로나19로 인해 정상적인 등교를 하지 못하면서, 또래 관계와 학교 생활에 필요한 사회성이 충분히 형성되지 않은 상태였습니다. 그렇게 신규 교사가 가장 두려워하는 '학급 붕괴'를 실제로 겪게 되었습니다. 그 와중에도 해야 할 일들은 쉴 틈 없이 밀려왔습니다. 주간 학습 안내는 어떻게 만들어야 하는지, 학생들이 싸우면 어떻게 중재해야 하는지, 학부모와 상담할 때는 어떤 말부터 꺼내야 하는지 모든 것이 낯설었습니다. 모르는 것은 끝이 없었지만, 미룰 수 있는 일은 하나도 없었습니다. 그러나 변화는 아주 조금씩 시작되었습니다. 발령 전에 기간제 교사로 근무하며 알게 된 선생님께 매일 저녁 줌으로 연락을 드려 조언을 구했고, 다음 날 학교에서 바로 적용해 보았습니다. 그렇게 하루하루 버티듯 지내던 시간이 석 달쯤 흘렀을 무렵이었습니다. 하교 시간, 한 학생이 교실 문을 나서며 이렇게 말했습니다. "이제 ○○이가 학교 탈출도 안 하고, 선생님 말씀도 잘 듣네." 학교 탈출을 막아 주셨던 보조 선생님들께서도 변화를 알아봐 주셨습니다. "솔직히 말하면, 이현지 선생님께서 아이들을 변화시키기 어려울 거라고 생각했어요. 그런데 아이들이 너무 좋아져서 보조 선생님들끼리 이야기를 많이 했어요." 하지만 이야기가 해피엔딩으로 끝나는 것은 아니었습니다. 2년 뒤에는 분노 조절 장애 판정을 받은 학생을 맡게 되었습니다. 그 학생을 지도하면서 문제 행동을 바라보는 시야가 넓어졌고, 결과적으로 큰 사고 없이 한 해를 마무리할 수 있었습니다. 주간 학습 안내 조차 만들 줄 몰랐던 교사는 어느새 한결 능숙해졌고, 새 학기 역시 예전만큼 두렵지 않게 되었습니다. 1·2년 차에 울면서 몸으로 익혔던 학교 생활의 방법들을 정리해 보고자 이 글을 쓰게 되었습니다. 이 글을 통해 울면서 출근하는 신규 선생님이 단 한 분이라도 줄어들기를 바랍니다.

Contents

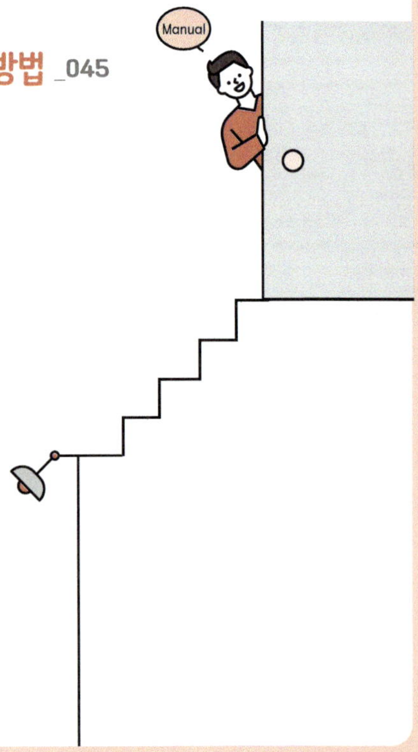

3월 첫 주에 해야 하는 모든 것 A to Z

01. Chapter

Survival

3월 첫 주에 해야 하는 모든 것 A to Z

01. Chapter

'3월 첫 주'라는 말을 떠올리기만 해도 긴장되는 선생님이 많을 것이다. 이 글을 쓰는 교사 역시 마찬가지다. 그러나 동시에 3월 첫 주는 교사에게 매우 의미 있고, 어쩌면 한 해 중 가장 재미있는 시기이기도 하다. 정규 수업에 대한 부담은 비교적 적고, 아이들과 관계를 만들어 갈 수 있는 시간이 충분히 주어지기 때문이다.

다만 3월 첫 주를 보내기 전에 반드시 기억해야 할 점이 있다. 아이들은 우리가 흔히 생각하듯 '놀이'를 가장 원하는 존재가 아니다. 특히 새 학기처럼 낯설고 긴장되는 시기에는 무엇보다도 '안정감'을 먼저 원한다. 그래서 아이들에게는 자신의 자리가 어디인지, 오늘은 어떤 활동을 하는지, 다음에는 무엇을 하게 되는지를 명확하게 안내해야 한다. 하루의 흐름이 예측될 때 아이들은 비로소 마음이 놓이고, 교사에게도 조금씩 마음을 연다. 이러한 안정감이 바탕이 되어야 이후의 놀이와 활동에도 적극적으로 참여할 수 있다.

이제 3월 첫날을 기준으로, 아침 시간부터 4교시까지의 흐름을 시간 순서대로 살펴보고자 한다.

01. 3월 첫날

아침 시간

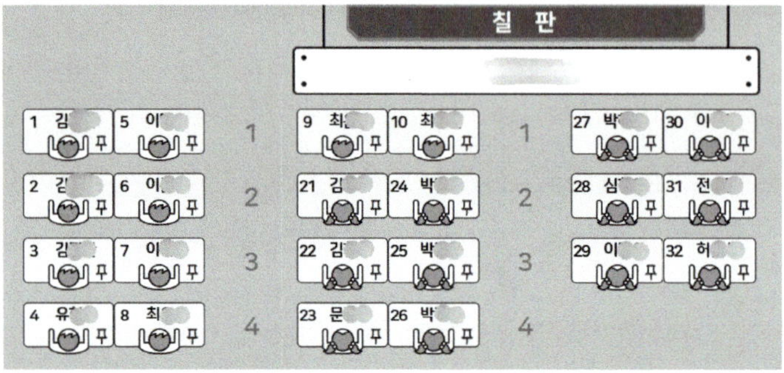

교사가 교실에 먼저 들어와 가장 먼저 할 일은 TV에 자리 배치표를 띄워 두는 일이다. 아이들은 우선 자신의 자리가 어디인지 확인하고 앉아야 안정감을 느낀다. 자리 배치표는 2월에 미리 만들어 두는 것이 좋다. '아이스크림' 사이트에는 '자리 만들기'라는 탭이 있으며, 여기에 아이들의 이름과 성별을 입력하면 자리를 쉽게 구성할 수 있다. 이를 캡처하여 PPT로 만든 뒤 3월 첫날에 띄워 주면 된다.

첫날에는 보통 번호순으로 앉히는 것을 추천한다. 첫날에는 번호순으로 배부해야 하는 가정통신문이 많고, 아이들이 자신의 번호를 자연스럽게 외우도록 돕기 때문이다.

아이들은 자리에 앉으면 곧 "선생님, 뭐 해야 해요?"라고 묻는다. 이때는 학급 문고에 있는 책을 읽도록 안내하면 된다. 다만 배정받은 교실에 학급 문고가 없는 경우도 있다. 이럴 때에는 2월 출근일에 학교에서 사용하지 않는 교실을 찾아 책을 가져오면 된다. 또한 사서교사에게 폐기 예정도서가 있는지 물어보고 가져오는 방법도 있다.

아침 시간에 가장 중요한 일은 지각한 학생을 빠르게 파악해 학부모에게 연락하는 일이다. 교실에 들어오는 아이들을 맞이하다 보면 누가 아직 등교하지 않았는지 놓치기 쉽다. 대부분의 아이들이 등교한 뒤 "누가 아직 오지 않았는지 확인해야 하니 자리에 앉아 보자."라고 안내한 후 결석·지각 학생을 확인한다. 이후 교무실을 통해 해당 학생의 학부모 전화번호를 받아 연락하면 된다. 이때 개인 휴대전화가 아닌 교실 인터폰을 사용하는 것이 좋다. 휴대전화로 연락할 경우 교사의 전화번호가 노출될 수 있기 때문이다.

1교시

보통 1교시가 시작되면 개학식 방송이 진행된다. 교실 TV 리모컨 작동법은 2월에 미리 익혀 두는 편이 좋다. 아이들은 모두 자리에 앉아 있는데 방송이 연결되지 않으면 교사와 아이들 모두 당황하게 된다.

개학식 방송 연결하는 방법
TV 리모컨에서 메뉴 클릭 – 외부 입력 선택 – 교내 방송에서 안내하는 채널 입력

개학식 방송이 끝나면 가정통신문을 배부한다. 이때 나누어 주어야 할 가정통신문에는 담임 인사 편지, 1년 동안 필요한 준비물 리스트, 하이클래스 가입 안내, 학생 기초 조사서, 학생 개인정보 활용 동의서 등이 포함된다. 하이클래스 가입 안내문은 하이클래스에서 학급을 개설하면 자동

으로 내려받을 수 있다.(*하이클래스 사용 방법은 Chapter 12에 있다.) 학생 기초 조사서와 개인정보 활용 동의서는 학교에서 일괄 인쇄해 제공한다. 담임 인사 편지와 준비물 리스트는 다음 예시를 참고하여 작성하면 된다.

담임 인사 편지

_출처 : 「학교폭력, 멈춰!」, 문채현 저

안녕하세요. ○○○○년 한 해 동안 ○학년 ○반 아이들과 함께하게 된 담임교사 ○○○입니다. 직접 찾아뵙고 인사드리면 좋겠으나, 먼저 편지로 인사를 전하게 되었습니다. 학급 운영은 교사인 저 혼자 하는 것이 아니라 아이들의 의견도 반영해야 한다고 생각합니다. 우선 담임 교사가 앞으로 어떤 방향으로 학급을 운영하고자 하는지 기본적인 계획을 안내드리고자 합니다.

먼저, 학교폭력이 없는 평화로운 교실을 만들고자 합니다. 아무리 학습을 열심히 하고 즐겁게 학교생활을 하더라도, 학급 안에서 폭력이 발생한다면 그 모든 활동은 의미를 잃게 된다고 생각합니다. 교사는 평소 아이들의 관계를 세심하게 살피며, 학교폭력이 발생하지 않도록 지속적으로 지도할 것입니다. 또한 특정 학생이 소외되거나 어려움을 겪고 있지는 않은지 꾸준히 관찰하며, 작은 변화도 놓치지 않도록 노력하겠습니다. 아이들이 안전하다고 느끼는 교실, 마음 놓고 생활할 수 있는 교실을 만드는 것을 가장 우선에 두겠습니다.

다음으로, 놀이로 하나 되는 학급을 만들고자 합니다. 아동기에서 놀이는 단순한 여가 활동이 아니라, 사회성과 정서 발달에 매우 중요한 교육 활동이라고 생각합니다. 특히 요즘처럼 방과 후 일정이 바쁜 환경에서는, 학교에서의 놀이 시간이 아이들에게 더욱 소중한 시간이 됩니다. 아이들은 놀이를 통해 자연스럽게 친구들과 관계를 맺고, 협력과 양보를 배우며, 서로를 이해하는 경험을 하게 됩니다. 이에 매주 한 시간씩 정기적인 놀이 시간을 운영하고자 합니다. 이 시간은 특히 소외되기 쉬운 학생들에게도 친구들과 어울릴 수 있는 기회가 될 것이며, 이러한 경험이 차곡차곡 쌓이면서 쉬는 시간이나 점심시간에도 자연스럽게 함께 어울리는 모습으로 이어질 것이라 기대합니다.

마지막으로, 모두가 주인이 되어 함께 책임지는 학급을 만들고자 노력하겠습니다. 교육은 구성원 모두가 참여하며 자신의 권리와 책임을 함께 배워 가는 과정이라고 생각합니다. 이를 위해 매주 '한 주 정리' 활동을 통해 학급 생활을 돌아보고, 필요한 사항을 함께 논의하고 결정하는 시간을 갖고자 합니다. 학습 분위기 조성, 학급 규칙 마련 등의 과정에 아이들이 직접 의견을 내고 참여하도록 지도하겠습니다. 서로의 생각이 다를 수 있음을 경험하고, 그 차이를 조율하며 합의해 나가는 과정을 통해 민주주의와 자치의 가치를 자연스럽게 익힐 수 있도록 돕고자 합니다.

앞으로 한 해 동안 안정된 환경 속에서 즐겁게 학교생활을 할 수 있도록 최선을 다하겠습니다. 가정에서도 많은 관심과 협조를 부탁드립니다.

○○○○년 ○월 ○일

담임 교사 ○○○

새학기 준비물 리스트

아이들이 스스로 준비물을 확인하며 □에 체크할 수 있도록 지도해 주시고, 학부모님께서는 옆에서 함께 살펴봐 주시길 바랍니다. 모든 준비물에는 반드시 이름을 적어 주세요. 학습 활동에 지장이 없도록 3월 ○일까지 모두 준비해 주시기 바랍니다.

필기 도구

- **필통** : 소리가 나지 않는 천 재질 필통(장난감 기능이 없는 것)
- **연필 세 자루 이상** : 매일 깎아서 준비
- **지우개**
- **검정색 네임펜**
- **3색 볼펜, 형광펜** : 1년 동안 수업 중 필기할 때 사용할 예정이므로 반드시 준비
- **채점용 빨간 펜** : 수학 학습지를 스스로 채점한 뒤 교사에게 검사받기 위함

사물함 물품

- **클리어 파일 40매 × 2개** : 학습지를 활용한 수업이 많아 한 학기에 40매 파일 1개를 모두 사용함
- **색연필**
- **사인펜**
- **딱풀**
- **가위** : 안전상의 이유로 필통에 넣어 다니지 않으며, 사물함에 보관함

✦ 공책

- **알림장**
- **줄 있는 종합장 :** 일반 종합장 크기의 줄 공책(국어 글쓰기, 과학 필기 등에 사용)
- **사회 노트 :** 줄 있는 종합장을 사용하며, 1년 동안 사회 학습 내용을 필기할 노트임

✦ 생활 용품

- **A4 투명 L자 파일 :** 가정통신문 보관용
- **개인 물통**
- **아침 독서용 책 1권 :** 매일 아침 독서 시간에 사용
- **두루마리 휴지 1개**
- **미니 빗자루 & 쓰레받기 :** 이름을 적어 가져오기
- **실내화 및 실내화 가방 :** 흰색 실내화(슬리퍼는 착용 불가)

✦ 기타 안내

학교에 **돈, 장난감, 고가의 물품을 가져오지 않도록** 지도해 주시기 바랍니다. 휴대전화를 가져오는 경우에는 **교실 입실 전에 전원을 끄고** 본인 가방에 넣어 보관합니다. **휴대전화, 돈, 장난감, 고가 물품의 파손 및 분실에 대해서는 학교에서 책임지지 않습니다.**

교사 소개 및 전학생 소개

이후에는 교사의 이름을 소개한다. 이름을 단순히 말하는 것보다 초성 퀴즈를 활용하면 분위기가 훨씬 부드러워진다. "선생님의 이름을 소개하겠습니다. 대신 초성만 알려 줄 테니 맞혀 보세요."라고 안내하면 아이들의 긴장이 완화되고, 교사의 이름도 자연스럽게 기억하게 된다. 전학생이 있다면 이 시간에 함께 소개한다. 예를 들어 "우리 반에 전학생이 왔어요. 이름은 ○○○입니다. 궁금한 점이 있으면 손을 들고 물어보세요. 이따가 전학생 미션도 할 거예요. 천천히 전학생과 친해져 봅시다."라고 안내하면 된다. 전학생 관련 지도 방법은 Chapter 11에 있다.

사물함 물건 정리

소개가 끝나면 사물함을 지정하고 물건을 정리하도록 한다. 3월 첫날에는 아이들이 많은 물건을 가지고 오기 때문에 교실에 들어오자마자 "선생님, 교과서는 어디에 두어요?"라고 묻는 경우가 많다. 이때는 "1교시에 사물함 정리 시간이 있으니 그전까지는 책상 옆에 두세요."라고 안내하면 된다.

사물함을 지정하기 전에는 책상 속과 사물함을 정리하는 방법에 대한 영상을 먼저 보여 준다. 정리 방법을 미리 본 뒤에 정리를 시작하면 교실이 훨씬 깔끔해진다. 추천 영상은 쏭쌤TV(2020. 2. 22)의 「사물함과 서랍 정리」이다.

2교시

교실 정리가 마무리되면 '선생님 OX 퀴즈'를 진행한다. 아직 아이들이 서로 어색한 시기이기 때문에 바로 일어나 활동을 하기보다는, 앉아서 참여할 수 있는 퀴즈부터 시작하는 것이 좋다. 이때 단순한 상식 퀴즈보다는 교사에 관한 퀴즈를 활용한다. 아이들이 교사가 어떤 사람인지 알아가며 심리적 거리를 좁힐 수 있기 때문이다.

선생님 OX 퀴즈

Q1. 선생님이 무서워 하는 것은?

① 개 ② 벌레 ③ 새 ④ 물고기

Q2. 선생님이 키워 본 동물은?

① 고양이 ② 닭 ③ 족제비 ④ 카멜레온

Q3. 선생님이 못 먹는 음식은?

① 복숭아 ② 굴 ③ 피망 ④ 당근

Q4. 선생님이 염색해 본 색깔은?

① 빨강 ② 노랑 ③ 초록 ④ 파랑

교사 발문

- 교사 : 정답이라고 생각하는 번호를 손으로 표현해 보세요.
- 학생들 : 1번이요, 3번이요.
- 교사 : (1번이라고 손 든 학생을 가리키면서) 왜 1번이라고 생각했나요?

아이들이 스스로 생각한 이유를 자유롭게 말할 수 있도록 하여 자연스럽게 긴장을 풀 수 있는 시간이 된다. 이때 정답만 알려 주기보다는 관련된 교사의 짧은 경험담을 덧붙이면 아이들이 더욱 집중해서 듣는다.

서로의 음식 취향 알기 퀴즈

이어서 '서로의 음식 취향 알기' 퀴즈를 진행한다. 앞서 선생님에 대해 알아보는 시간을 가졌으니, 이번에는 선생님과 학생들의 음식 취향이 얼마나 비슷한지 알아보는 퀴즈를 한다고 안내한다.

퀴즈 예시

✧ 팥 붕어빵 vs 슈크림 붕어빵

✧ 물냉면 vs 비빔냉면

✧ 탕수육 소스 부어 먹기 vs 탕수육 소스 찍어 먹기

✧ 후라이드 치킨 vs 양념 치킨

✧ 반민초(민트 초코 맛 싫어하는 사람) VS 민초(민트 초코 맛 좋아하는 사람)

교사 발문

- 교사 : 팥 붕어빵이 좋은 사람은 주먹을 들어 주세요. 슈크림 붕어빵이 좋은 사람은 보자기를 들어 주세요.
- 교사 : 두 가지 모두 좋아한다면 한 손은 주먹, 다른 한 손은 보자기를 들어 주세요.
- 교사 : (한 학생을 가리키며) 그렇게 선택한 이유가 무엇인가요?
- 교사 : 그렇다면 선생님의 취향은 무엇일 것 같나요? 여러분의 취향과 선생님의 취향이 같은지 한번 볼까요?
- 교사 : 선생님의 취향은 바로…

3 교시

종이 뭉치 던져서 자기 소개하기

이 활동의 목적은 모든 학생이 한 번씩 주목받도록 돕는 데 있다. 새 학기에는 교우 관계 맺기가 어려운 학생이 생기기 쉽다. 초반부터 주목받지 못하면 또래와 점점 멀어질 수 있기 때문에, 모든 아이가 공평하게 관심을 받도록 구성한 활동이다.

또 아이들은 평소 종이를 구기지 말라는 말을 자주 듣기 때문에 "진짜로 구겨도 되나요?"라고 묻는다. 이때 정말로 괜찮다고 말해 주면 아이들은 무척 신나 하며 활동에 참여한다.

✧ 활동 방법

1. 자기소개서에 생일, 좋아하는 음식, 입고 있는 옷 등을 적는다.
2. 종이를 구겨 공 모양으로 만든다.
3. 완성된 종이 공을 칠판 앞으로 던지고 교사가 한 학생을 지목한다.
4. 지목된 학생은 앞으로 나와 마음에 드는 종이 공 하나를 고르고, 그 안에 적힌 내용을 한 문장씩 읽는다.
5. 다른 학생들은 이를 듣고 누가 쓴 자기소개서인지 맞혀 본다.
6. 해당 자기소개서를 쓴 학생이 앞으로 나와 종이 공을 고르며 활동을 이어 간다.

자기소개서	
나의 생일	
좋아하는 음식	
좋아하는 물건	
좋아하는 색	
좋아하는 과목	
지금 입고 있는 옷 색깔	

Tip

교실 앞에 원마커(동그란 형태의 얇은 매트)를 두는 것을 추천한다. 원마커로 발표 위치를 지정해 주면 아이들이 칠판에 바짝 붙지 않고 편안하게 발표할 수 있다. 원마커는 체육관 창고에 있거나 옆 반에서 빌릴 수 있으며, 제기로 대체해도 무방하다.

우리 반의 특색 활동 소개

학급 특색 활동을 계획하고 있다면 이 시간에 미리 안내한다. 갑작스럽게 활동을 시작하면 아이들이 부담을 느낄 수 있지만, 학기 초에 1년 동안 어떤 활동을 하게 될지 설명해 주면 훨씬 잘 따라온다. 예를 들어 매주 금요일 5교시는 한 주 정리 시간, 6교시는 놀이 시간으로 운영한다는 계획을 이때 안내한다. 이에 대한 자세한 내용은 Chatper 5에서 다룬다.

교실 소개

이어서 교실을 소개한다. 화장지, 물티슈, 반창고, 이면지 바구니, 화장실 목걸이, '주인 찾아요 바구니'의 위치를 차례로 안내한다. 새 학기에 교실을 미리 소개해 두면 "반창고 어디 있어요?", "이면지 주세요."와 같은 질문이 크게 줄어든다.

물론 이후에도 잊고 질문하는 아이들이 있다. 그럴 때에는 말로 설명하기보다 물건의 위치를 손가락으로 가리켜 주면 아이들이 스스로 떠올리고 행동하게 된다.

✧ 화장실 목걸이

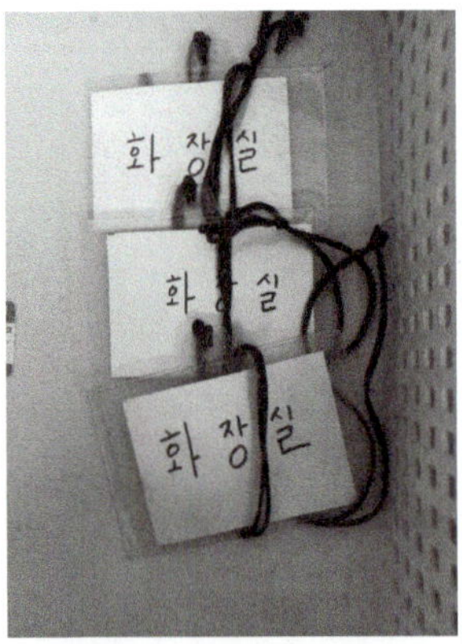

'화장실 목걸이'는 수업 중 "화장실 가도 돼요?"라는 질문을 줄여 주는 장치다. 화장실 목걸이를 사물함 위에 두고, 교사에게 묻지 않고 조용히 목걸이를 걸고 다녀오도록 안내한다. 다녀온 뒤에는 다시 제자리에 두도록 설명한다.

✧ 주인 찾아요 바구니

'주인 찾아요 바구니' 역시 질문을 줄이는 데 도움이 된다. 수업 중 바닥에 떨어진 물건이나 주인을 알 수 없는 물건은 바구니에 넣도록 안내하면 된다. 아이들은 수업 중에 갑자기 "선생님, 여기 연필이 떨어져 있어요.", "선생님, 이 딱풀 누구 것인지 모르겠어요."라고 말한다. 그럴 때 교사는 "주인 찾아요 바구니에 넣으세요."라는 한 마디만 하면 된다.

4교시

이름표 만들기

책상 위에 둘 이름표를 만든다. 첫날 이름표를 만들어 두면 다음 날 빈 책상을 통해 지각 학생을 빠르게 파악할 수 있다. 도화지를 삼각기둥 모양으로 접는 간단한 방식이며, 앞면에는 학생 이름을, 뒷면에는 시정표를 넣는다. 수업 시간에 가장 많이 나오는 질문이 "몇 시에 끝나요?"이기 때문에 시정표를 이름표에 포함시켰다. 해당 삼각 이름표 도안은 초등교사 커뮤니티 인디스쿨에 '책상 삼각 이름표(글쓴이 : 신규 교사가 신규 교사에게)'라는 이름으로 게시해 두었다.

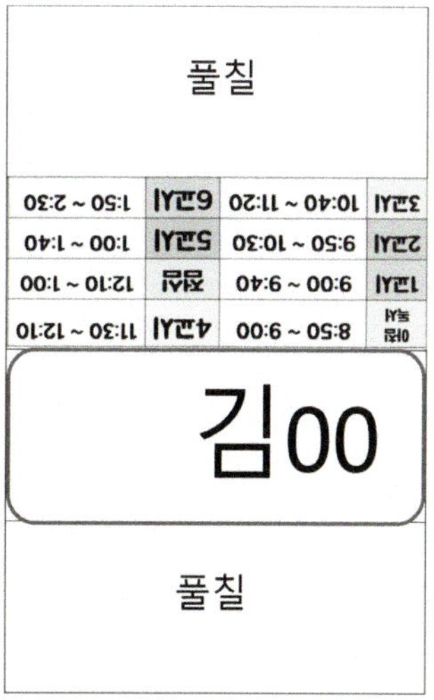

숫자 1,2,3 규칙

- 숫자 1 : 집중
- 숫자 2 : 차렷
- 숫자 3 : 손머리

숫자 1, 2, 3 규칙을 설명하고 연습한다. 이 규칙은 1년 동안 교사의 성대를 지켜 주는 매우 유용한 약속이다. 학생들이 떠들고 있을 때 교사가 손가락으로 숫자 1을 들면 학생들은 "집중!"이라고 외친다. 숫자 2를 들면 "차렷!", 숫자 3을 들면 "손머리!"를 외치며 행동한다.

아이들에게 규칙을 하나씩 설명한 뒤 연습해 본다. "짝과 떠들어 보세요."라고 안내한 뒤 숫자 1, 2, 3을 차례로 들어 올리며 반응을 익히게 한다. 이 연습은 놀이 활동 전에 반드시 필요하다. 놀이를 시작하면 교실이 금세 소란스러워지기 때문에, 놀이 진행을 위해서는 숫자 1, 2, 3 규칙이 필수적이다.

놀이

이제 놀이를 한다. 놀이를 할 때 가장 중요한 점은 교사도 함께 참여하는 것이다. 교사가 함께 놀면 아이들과의 라포가 빠르게 형성되고, 교사에 대한 호감도도 높아진다. 추천하는 놀이는 '당신은 당신의 이웃을 사랑합니까(당당사)'와 '과일 샐러드'이다. 두 놀이 모두 책상을 치우고 의자만으로 원을 만들어 진행한다.

✦ 당신은 당신의 이웃을 사랑합니까(당당사)

'당당사' 놀이는 의자 수가 인원보다 하나 적어야 하며, 교사는 원 가운데에 선다. 아이들이 "당신은 어떤 이웃을 사랑합니까?"라고 물어 보면 "안경 쓴 이웃을 사랑합니다."라고 답한다. 안경 쓴 학생들이 일어나서 다른 자리에 앉는다. 이때 앉지 못한 학생이 다음 술래가 된다.

✧ 과일 샐러드

'과일 샐러드' 놀이도 인원 수보다 의자가 하나 적어야 한다. 교사는 자리에 앉아 있는 학생들의 머리를 한 명씩 짚으며 과일 이름을 붙인다. 한 학생에게는 "포도", 그 다음 학생에게는 "사과", 그 다음 학생에게는 "배"라고 말한다. 이런 식으로 포도 - 사과 - 배 순서를 반복하며, 모든 학생에게 과일 이름을 하나씩 지정한다.

"포도인 사람 손 들어 보세요, 사과인 사람 손 들어 보세요, 배인 사람 손 들어 보세요."라고 말하여 아이들이 자신의 과일을 알고 있는지 확인한다. 이 확인하는 작업이 중요하다. 아이들은 자신이 무슨 과일인지 잊기 때문이다. 첫 판은 교사가 술래를 한다. 술래는 원 가운데에 선다. 의자에 앉아 있는 학생들은 "어떤 과일을 좋아합니까?"라고 물어 본다. 술래는 포도, 사과, 배 중 하나를 대답한다. 술래가 포도라고 대답했다면, 포도인 학생들은 일어나서 다른 자리에 앉는다. 대신 술래가 "과일 샐러드"라고 말하면 모든 학생이 이동한다.

하교 시간

알림장 쓰기

3월 첫날의 마지막 활동은 알림장 쓰기다. 첫날에는 무엇을 써야 할지 막막할 수 있으나, 대부분의 학교에서 내용은 비슷하다. 아래 예시를 참고해 작성하면 된다.

알림장 예시

1. 학생 기초 조사서, 학생 개인 정보 활용 동의서를 작성해서 내일까지 가져오기. 부모님이 작성합니다.
2. 학생, 학부모 모두 하이클래스에 가입하기.
3. 내일 국어, 수학 수업이 있습니다. 국어 (가), 수학 교과서 가져오기.
4. 준비물 리스트 가정통신문을 확인해서 내일 모레까지 준비물 다 챙겨오기.

이렇게 3월 첫날이 마무리된다. 4교시만 진행했음에도 불구하고 몸과 마음이 모두 지치는 하루다. 무사히 하루를 마쳤다면 충분히 잘 해낸 것이다.

02. 3월 둘째 날부터 첫 주 마지막 날까지

첫날과의 차이점은 수업을 한두 시간 정도 진행한다는 점이다. 새 학기 첫 주 내내 수업을 하지 않고 규칙 세우기와 놀이만 이어지면, 학급 분위기가 점점 소란스러워질 수 있다. "자, 오늘은 수업을 할 겁니다."라고 말하면 아이들은 아쉬운 탄성을 지르지만, 수업 시간에 아이들이 멍하니 있는 것은 아니다. 아이들은 새로운 선생님의 수업 모습을 유심히 바라보며, 선생님이 어떻게 가르치는지를 자세히 관찰한다. 즉, 선생님의 수업 역량을 살피고 있는 것이다. 교사가 수업을 안정감 있게 이끌어 주면, 아이들은 '아, 우리 선생님은 수업을 잘하시는구나.'라고 느끼며 자연스럽게 수업에 집중하고 선생님을 더 잘 따른다. 이러한 이유로 남은 첫 주는 아래와 같이 수업을 계획한다.

✧ 둘째 날

•1, 2교시 : 학급 이름과 규칙 정하기

•3교시 : 수학 혹은 국어

•4, 5교시 : 놀이

✧ 셋째 날부터 마지막 날까지

•1, 2교시 : 학급 규칙 정하기

•3교시 : 수학 혹은 국어

•4, 5교시 : 놀이

아이들 스스로 학급 규칙 세우기

자리 바꾸기, 1인 1역할, 대걸레 당번 등을 어떤 방식으로 정해야 할지 고민이 될 수 있다. 이때 "우리 반은 이런 것들을 모두 여러분이 스스로 결정할 겁니다."라고 말하면 아이들은 매우 좋아한다. 물론 실제로는 아이들이 모든 것을 처음부터 끝까지 스스로 정하지는 않는다. 교사가 몇 가지 선택지를 제시하고, 그중에서 거수투표로 결정하는 방식이다. 하지만 아이들은 투표에 참여했다는 경험만으로도 자신들이 규칙을 정했다고 느끼며, 이후 규칙에 대해 반감을 가지지 않는다.

자리 바꾸기

"동성으로 짝하고 싶나요, 이성으로 짝하고 싶나요?"라고 물으면 대부분의 아이들은 "동성이요!"라고 대답한다. 이때 교사의 말이 중요하다. "동성으로 짝하는 것을 좋아하는 것 같지만, 학교는 나와 다른 사람과 함께 지내는 법을 배우는 곳이에요. 그래서 1년 내내 동성으로만 짝을 하는 것은 어려워요. 대신 '① 동성·이성 격달로 짝하기, ② 1년 내내 이성으로 짝하기' 중에서 손을 들어 많이 나온 쪽으로 정해 봅시다."라고 안내하면, 아이들은 대체로 '동성·이성 격달로 짝하기'에 손을 든다.

자리 바꾸는 방법에는 제비뽑기, 룰렛 돌리기, 교사가 정하기 등 여러 가지가 있지만, 여기서는 교사가 정하는 방식으로 결정한다. 이때 아이들 사이에서 아쉬운 탄식이 나오기도 한다. 그래서 교사의 설명이 필요하다. "선생님이 아이들을 지켜보니, 1년이라는 긴 시간 동안 함께 지내다 보면 갈등이 생길 때도 있었어요. 제비뽑기로 자리를 정하면, 갈등이 있었던 친구들끼리 다시 짝이 되거나 앞뒤로 앉게 되는 경우가 종종 있었어요. 그래서 갈등이 있었던 친구들 사이에는 조금 거리를 둘 수 있도록 선생님이 자리를 정해 주려고 해요. 또, 제비뽑기를 하면 이미 짝을 했던 친구와 다시 짝이 되는 경우도 생기지요. 학교는 나와 다른 사람과 지내는 법을 배우는 곳이기 때문에, 매번 새로운 친구와 짝이 될 수 있도록 할 거예요."라고 차분히 설명하면 아이들은 고개를 끄덕이며 받아들인다.

대신 자리 바꾸는 시기는 아이들에게 선택권을 준다. "4주, 5주, 6주 중에서 골라 보세요. 2주나 3주는 어렵습니다. 선생님이 자리를 바꾸는 일만 하는 사람이 아니기에 너무 자주 바꾸면 힘들어요."라고 말하면, 아이들은 가장 짧은 주기인 4주에 손을 든다. "그럼 우리는 다음 자리 바꾸기를 4월 2일에 하겠습니다."라고 정리하면 된다.

이렇게 하면 결과적으로는 '동성과 이성을 격달로 짝하고, 4주마다, 교사가 자리를 정한다.'라는 교사의 의도가 반영된다. 그러나 아이들은 거수투표를 통해 결정했다고 느끼기 때문에, 스스로 규칙을 정한 것처럼 만족해한다.

1인 1역할

교사가 직접 해도 되지만, 수업과 생활을 이어 가다 보면 소소하게 체력을 소모하게 되는 일이 많다. 예를 들어 칠판 닦기, 펴야 할 교과서 쪽수 알려 주기, 시간표 바꾸기, 아침 독서 진행하기 등이 그렇다. 이러한 일들을 모두 1인 1역할로 나누어 아이들에게 맡긴다. 아이들 또한 1인 1역할을 의외로 즐겁게 받아들인다.

1인 1역할을 정하는 방법 역시 아이들이 결정하도록 한다. "룰렛으로 돌려서 정할까요, 제비뽑기로 할까요, 아니면 선생님이 정할까요? 거수투표로 정해 봅시다."라고 안내하면 된다. 이후에는 선택된 방법에 따라 역할을 정하면 된다. 자리 바꾸는 날에 맞추어 1인 1역할도 함께 바꾸어 주면 관리가 수월하다.

칠판 닦기	우유 당번	시간표 바꾸기	교실 앞 쓸기	교실 뒤 쓸기	1번째 줄 쓸기

2번째 줄 쓸기	3번째 줄 쓸기	4번째 줄 쓸기	5번째 줄 쓸기	교과서 쪽수 알려주기	가방 문 잠그기

준비물 관리자 1	준비물 관리자 2	서랍장, 사물함 위 닦기	보드게임 정리	알림장 쓴 것 확인하기	분리 수거

소독 관리자 (급식 책상 2개 닦기)	공기 청정기 켜기	쓰레기통 관리자	아침 활동 시키기	급식차 1	급식차 2	미술 작품 붙이기

어떤 역할을 지정해야 할지 고민이 될 수 있다. 이를 참고할 수 있도록 '마음만은 신규교사(2023.11.07.), 〈1인 1역할 파일 공유〉'를 블로그에 정리해 두었다.

대걸레 당번

처음 발령을 받았을 때는 '아이들에게 대걸레로 청소하는 방법을 알려 주는 것조차 힘든데, 차라리 내가 하는 편이 낫겠다.'라고 생각했다. 그러나 방과 후가 되면 싸움이 있었던 학생의 학부모에게 전화해야 하고, 다음 날 수업을 준비해야 하며, 각종 업무를 처리하다 보면 정작 교사가 직접 대걸레 청소를 할 시간은 거의 없다. 처음에 아이들에게 청소 방법을 안내하는 과정이 다소 힘들게 느껴질 수 있지만, 장기적으로 보면 교사의 체력을 아낄 수 있고 교실도 한결 깔끔하게 유지된다.

대걸레 청소 방법을 알려 주기 전에 대걸레가 보관된 장소, 대걸레 세척대, 교실 바닥을 미리 사진으로 찍어 둔다. 그리고 그 사진을 TV에 띄워 두고 하나씩 설명한다. 대걸레가 어디에 있는지, 세척대에 대걸레를 어떻게 넣어 물을 적셔야 하는지, 또 어떤 방식으로 빨아야 하는지를 차근차근 안내한다. 이어서 아이들이 흔히 대걸레로 바닥을 붓질하듯이 대충 닦는 점을 짚어 준다. 교실 바닥 사진을 띄운 상태에서 교사가 몸 동작으로 닦는 모습을 보여 주면, 아이들은 생각보다 잘 따라한다.

대걸레 당번이 된 아이들은 자신의 차례가 오면 "선생님, 어떻게 해요?"라고 다시 묻곤 한다. 이럴 때는 전날 대걸레를 맡았던 학생이 다음 날 당번에게 방법을 알려 주도록 한다. 특히 대걸레 당번을 정한 지 얼마 되지 않았을 때는, 이전 당번이 다음 당번을 가르쳐 주는 방식을 반드시 지키도록 했다. 이렇게 하면 아이들끼리 자연스럽게 방법을 익히며 청소가 자리 잡는다.

대걸레 청소 운영

필자는 대걸레 당번을 하루에 한 명씩 정해 운영한다.

당번 정하는 방법

제비뽑기를 통해 순서를 정한 뒤, 나온 순서를 달력에 표시해 두면 학생들도 자신의 차례를 쉽게 확인할 수 있다.

대걸레 담당자

월요일	화요일	수요일	목요일	금요일
			3.30	3.31
			김	김
4.3	4.4	4.5	4.6	4.7
배	황	김	고	조
4.10	4.11	4.12	4.13	4.14
박	박	김	박	박
4.17	4.18	4.19	4.20	4.21
박	강	최	김	심
4.24	4.25	4.26	4.27	4.28
백	박	김	박	윤

대걸레 담당자

월요일	화요일	수요일	목요일	금요일
5.1	5.2	5.3	5.4	5.5
공휴일	김	서	김	어린이날
5.8	5.9	5.10	5.11	5.12
김	김	배	황	김
5.15	5.16	5.17	5.18	5.19
고	조	박	박	김
5.22	5.23	5.24	5.25	5.26
박	박	박	강	최
5.29	5.30	5.31	6.1	6.2
대체공휴일	김	심	백	박

대걸레 사용 방법 안내하기

대걸레 사용 방법은 말로만 설명하기보다, 실제 사진을 찍어 TV 화면에 띄워 두고 단계별로 안내하는 것이 효과적이다.

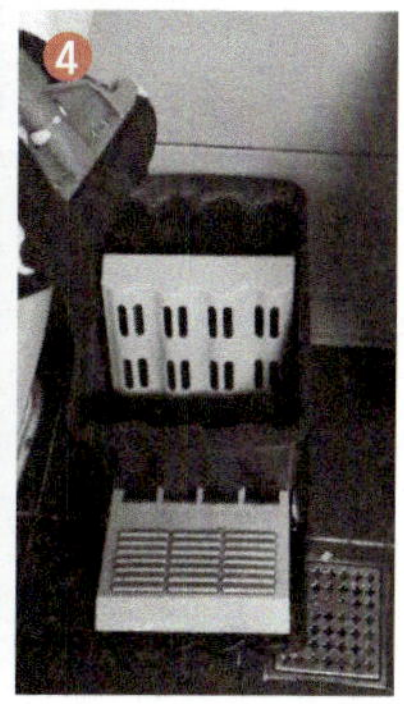

❶ 대걸레를 꺼내세요. 물을 틀어 대걸레를 충분히 적시세요.

❷ 교실 앞문 쪽부터 청소하세요. 먼저 1번 구역을 닦고, 그다음 뒤쪽으로 이동해 2번 구역을 닦으세요. 이렇게 순서를 정해 주어야 학생들이 이미 닦은 바닥을 다시 밟지 않는다.

❸ 청소가 끝나면 대걸레를 씻으세요. 물을 틀고 대걸레를 눌러 회색 물이 나올 때까지 헹군 뒤, 물기가 빠질 때까지 잠시 들고 기다리세요. 이후 대걸레를 뒤집어 다시 한 번 헹구세요.

❹ 탈수기는 파란색과 노란색 사이에 대걸레를 끼운 뒤, 노란 페달을 발로 밟아 탈수하세요.

❺ 사용이 끝난 대걸레는 반드시 제자리에 두세요.

학급 이름과 진짜 학급 규칙 정하기

학급 이름 만들기

학급 규칙을 정하기에 앞서, 먼저 학급 이름을 만든다. 이때 아이들에게는 다음과 같이 안내하면 된다. "얘들아, 우리 반은 O학년 O반이지만, 이것 말고 우리 반만의 이름을 만들어 볼 거야. 선생님이 5학년 1반을 맡았을 때는 '행복한 오일반'이라는 이름을 지었고, 5학년 3반 때는 '오메가 쓰리 반'이라는 이름을 만들었단다. 또 4학년 2반을 맡았을 때는 '사이다 반'이라는 이름을 지었어. 여러분이 O학년 O반을 떠올렸을 때 생각나는 이름을 자유롭게 이야기해 보자."라고 말한다.

처음 나오는 아이디어들은 다소 엉뚱하거나 우스꽝스러울 수 있다. 그럼에도 아이들이 말하는 모든 아이디어를 빠짐없이 칠판에 적어 준다. 교사가 임의로 이상하다고 판단해 아이디어를 제외하면, 아이들 사이에서 서로의 생각을 평가하거나 비난하는 분위기가 생기기 쉽다. 이때 "아이디어는 처음부터 멋있게 나오기 어렵고, 처음에는 원래 조금 엉뚱하게 나오는 법이야."라고 말해 주면, 서로의 생각을 존중하고 허용하는 분위기가 만들어진다.

아이디어가 충분히 모이면 거수투표를 진행한다. 다만 손을 드는 횟수에는 제한을 두지 않는다. 횟수를 제한하면 인기 투표로 흐르기 쉽기 때문이다. 마음에 드는 아이디어가 여러 개라면 모두 손을 들도록 한다. 이렇게 해서 가장 많은 손을 받은 이름을 학급 이름으로 정한다.

학급 규칙 정하기

학급 이름을 정한 뒤에는 학급 규칙을 만든다.

✧ 주제

- 아침 시간
- 쉬는 시간
- 수업 시간
- 급식 시간
- 언어 생활
- 건강 생활(마음 건강과 신체 건강)
- 복도·계단·운동장·체육관 이용

이 중에서 모둠 수에 맞게 주제를 선택한다. 예를 들어 모둠이 다섯 개라면 '아침 시간, 쉬는 시간, 수업 시간, 급식 시간, 언어생활'을 주제로 정하면 된다.

그 다음 아이들에게 1인당 포스트잇 다섯 장을 나누어 준다. 각 포스트잇에 아침 시간, 쉬는 시간, 수업 시간, 급식 시간, 언어 생활에서 지켜야 할 규칙을 하나씩 적도록 한다. 교사는 칠판에 각 주제를 적고 구획을 나누어 둔다. 규칙을 다 쓴 아이들은 칠판의 해당 구획에 맞게 포스트잇을 붙인다.

이후 한 분단씩 앞으로 나와 칠판에 붙은 내용을 살펴보게 한다. 이때 "모두 나오세요."라고 하면 교실이 금세 소란스러워질 수 있다. 스무 명이 넘는 학생들이 한꺼번에 앞으로 나오면 집중하기 어려워지고 장난을 치기 쉽다. 따라서 분단별로 차례를 정해 구경하도록 하는 것이 좋다.

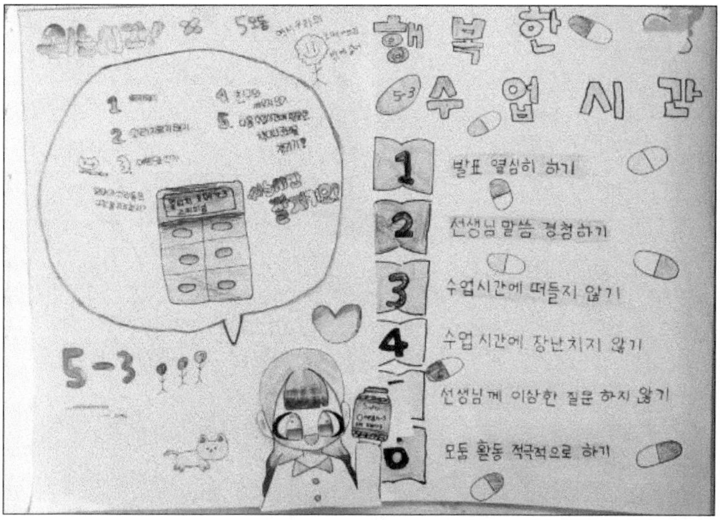

이제 분단별로 규칙 주제를 하나씩 맡긴다. 예를 들어 1분단은 아침 시간, 2분단은 쉬는 시간, 3분단은 수업 시간, 4분단은 급식 시간, 5분단은 언어 생활과 같이 배정한다. 칠판에 붙은 포스트잇 중 여러 아이들이 공통으로 적은 내용은 규칙에 반드시 포함하도록 안내한다. 각 분단에 도화지 한 장씩을 나누어 주고, "학급 규칙은 우리 반 모두가 1년 동안 지켜야 하는 약속이니, 아까 칠판에 붙은 내용 중 많이 나온 것 네 가지는 꼭 적어 주세요. 그리고 모둠에서 이야기를 나누어 더 넣고 싶은 규칙이 있다면 한두 가지 정도 추가해도 됩니다."라고 설명한다.

이때 앞에서 정한 학급 이름을 캐릭터로 만들어 도화지에 함께 그리도록 한다. 예를 들어 '오메가 쓰리 반'이라면, 오메가 쓰리를 캐릭터로 표현해 보는 것이다. 도화지 작성이 끝나면 발표 시간을 갖는다. 모든 모둠원이 규칙을 한두 개씩 맡아 앞에 나와 설명하도록 하고, 왜 그 규칙이 필요한지도 함께 이야기하게 한다. 이를 통해 아이들은 다른 모둠에서 만든 규칙까지 자연스럽게 익히게 된다.

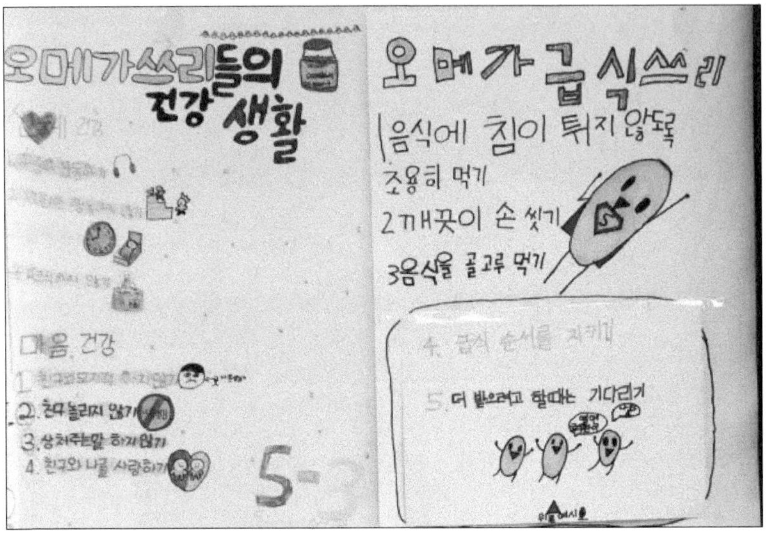

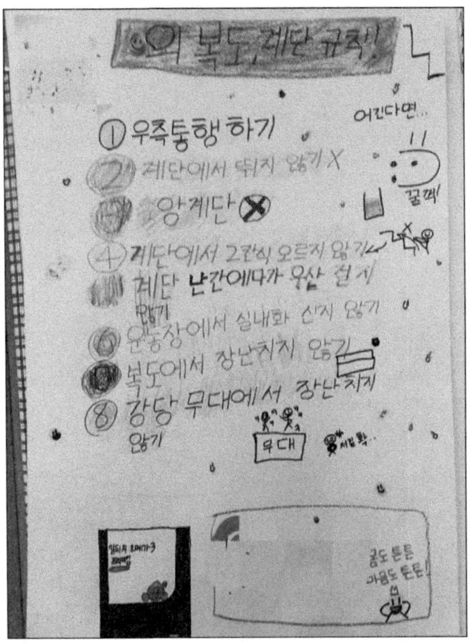

완성된 도화지는 교실 창문이나 벽에 붙여 아이들이 언제든지 볼 수 있도록 한다. 이 활동은 보통 4~5차시 정도가 소요되므로, 하루에 한 시간씩 '학급 규칙 만들기' 활동을 계획해 4~5일에 걸쳐 진행하면 된다. 이 활동의 가장 큰 효과는 아이들이 스스로 만든 규칙이기 때문에 더욱 책임감을 가지고 지킨다는 점이다.

간혹 "규칙 만들기에 이렇게 많은 시간을 쓰면 진도를 나가기 어려운 것 아니냐."는 걱정이 들 수 있다. 이때는 국어 수업으로 편성하면 된다. 모든 학년의 국어 교과에는 토의 단원이 포함되어 있으므로, 해당 단원을 먼저 진행한다고 안내하면 무리 없이 수업을 운영할 수 있다.

문제 학생 지도 방법

02.

Chapter

Class
Survival
Manual

문제 학생 지도 방법

02.
Chapter

전체 학생 지도 방법은 Chapter 1에서 설명한 것처럼, 아이들과 함께 어울리며 라포를 쌓고 학생들에게 자율권을 주는 것에서 시작한다. 학생들이 스스로 규칙을 만들도록 돕는 과정만으로도 대부분의 아이들은 마음의 문을 열고 교사의 지도를 잘 따라온다.

다만 학급 운영에서 가장 어려운 부분은 문제 행동을 보이는 학생을 지도하는 일이다. 이 장에서는 문제 학생을 어떻게 지도하면 좋은지에 대해, 실제 현장에서 바로 적용할 수 있는 방법을 중심으로 자세히 살펴본다.

01. 단호하게 말하는 법 연습하기

문제 행동을 보이는 학생들은 새로 온 교사가 자신의 행동을 어느 정도까지 허용하는지를 먼저 살핀다. 이때 작은 문제 행동이라도 분명하게 선을 그어 주는 것이 중요하다. 처음부터 "안 됩니다."라는 메시지를 명확히 전달해야 이후 더 큰 문제 행동으로 이어지지 않는다.

이 과정은 다른 학생들도 함께 지켜본다. 교사가 문제 행동을 바로 중단시키는 모습을 보면 아이들은 '이 선생님은 규칙을 분명하게 지키는 분이구나'라고 인식한다. 이러한 인식만으로도 학급 전체의 문제 행동은 자연스럽게 줄어드는 효과가 있다.

처음에는 말하는 톤과 표현이 어색하게 느껴질 수 있다. 이럴 때에는 집에서 소리 내어 연습해 보는 것도 도움이 된다. 예를 들어 "수업 종이 쳤습니다. 자리에 앉으세요.", "지금은 수업 시간입니다. 책을 꺼내세요."와 같은 문장을 여러 번 말해 본다. 실제 교실에서 학생을 바라보고 서 있는 상황을 떠올리며 연습하면 더욱 효과적이다.

목소리의 크기 또한 많은 교사들이 고민하는 부분이다. 목소리의 크기를 1부터 10까지로 나눈다면, 10이 고함에 가까운 수준일 때 7 정도까지는 충분히 사용할 수 있다. 이 정도의 단호한 어조는 교사의 정당한 생활지도와 훈육에 해당한다.

02. 교육부 학생 지도법 개정 살펴보기

최근 교권 보호의 필요성이 커지면서 교육부의 학생 지도 관련 지침도 개정되었다. 이에 따라 각 학교마다 학생 지도 절차를 비교적 명확하게 정해 두고 있다.

현재 필자가 근무하고 있는 학교의 학생 지도 단계는 다음과 같다.

Manual

1. 문제 행동을 한다.
2. 교실 앞에 있는 지정석에 착석한다.
3. 교실 뒤에 세운다.
4. 복도에 세운다.
5. 교무실로 보낸다.
6. 학부모에게 전화하여 귀가 조치한다.

학교마다 표현이나 세부 단계에는 다소 차이가 있을 수 있으나, 큰 흐름은 대체로 비슷하다. 생활 인권 부장에게 학생 대응 매뉴얼을 요청해 미리 숙지해 두면 실제 상황에서 도움이 된다.

문제 행동을 반복하는 학생이 있다면 학기 초에 다음과 같이 미리 안내한다. "학교에는 학생 지도 단계가 정해져 있다. 문제 행동이 나타나면 지정석, 교실 뒤, 복도, 교무실, 귀가 조치 순서로 바로 지도할 예정이다."

이와 같이 공표한 뒤 실제 상황이 발생하면 감정 개입 없이 절차대로 진행하면 된다. 대부분의 학생은 복도 단계에서 스스로 행동을 조절한다.

그럼에도 개선이 어려운 경우에는 미리 교감 선생님이나 실무사 선생님께 상황을 공유해 두는 것이 좋다. "저희 반에 문제 행동이 심한 학생이 있습니다. 지정석, 교실 뒤, 복도까지 보냈음에도 개선이 없으면 교무실로 내려보내고 인터폰으로 전화드리겠습니다. 바쁘시겠지만 학생을 지켜봐 주시길 부탁드리겠습니다."라고 미리 말씀드리면 협조를 얻기 수월하다.

03. 문제 학생의 학부모와 라포 쌓기

문제 행동을 반복하는 학생의 경우, 학부모와 라포를 형성하면 학교와 가정에서 일관된 지도가 가능해진다. 따라서 이러한 상황일수록 학부모와의 관계 형성이 더욱 중요해진다.

학기 초에는 가정통신문 제출을 계기로 먼저 전화를 드려 보는 것이 좋다. "안녕하세요 학부모님, 이번에 OO이를 맡게 된 담임 이현지입니다. OO이가 학교 생활 어떻다고 하던가요? OO이가 굉장히 귀엽더라구요. 항상 아침에 힘차게 인사해 주어서 큰 힘이 되고 있습니다. 다름이 아니라 가정통신문을 아직 제출하지 않으셔서 연락드렸습니다."와 같이 담백한 칭찬 한마디를 곁들이면 충분하다.

이후 학부모 상담 주간에도 아이의 장점을 중심으로 이야기를 나누며 신뢰를 쌓아 두면, 추후 문제 행동으로 연락을 드려야 할 때 학부모의 반응도 훨씬 부드러워진다. 가정에서의 지도 요청 역시 비교적 잘 받아들여진다.

04. 밖으로 불러서 지도하기

수업 중 문제 행동이 발생하면 교실 밖으로 불러 지도하는 방법이 효과적이다. "김OO, 잠깐 나오세요."라고 짧게 말한 뒤 복도에서 지도한다. 간단한 지도는 복도에서 마무리하고, 5~10분 이상 시간이 필요할 경우에는 연구실 등 다른 공간으로 이동해 지도한다.

이때 교실에 남은 아이들에 대한 걱정이 생길 수 있다. 그러나 "얘들아, 선생님이 잠깐 이야기하고 올 테니까 조용히 책 읽고 있으세요. 반장, 친구들 잘 살펴주세요."라고 안내하면 충분하다. 아이들 역시 상황의 심각성을 이미 알고 있기 때문에 짧은 시간 동안은 비교적 잘 기다린다.

교실 밖에서 지도하는 이유는 두 가지이다. 첫째, 교실 밖이라는 공간 자체가 아이에게 적당한 긴장감을 주어 교사의 말에 더욱 집중하게 한다. 둘째, 반복적인 공개 지도를 피함으로써 문제 학생이 학급 내에서 무시당하는 분위기가 형성되지 않도록 하기 위함이다.

05. 칭찬은 공개적으로 하기

문제 학생일수록 잘한 행동을 발견했을 때는 다른 아이들 앞에서 칭찬해 주는 것이 좋다. 수업 집중은 어려워도 생활 태도나 실천력이 좋은 경우가 많기 때문이다. "역시 OO이가 생활 태도는 좋아.", "이야~ OO이만 열심히 청소하네~ 다른 사람들은 뭐하는 거니~"와 같이 담백하고 유머러스한 칭찬은 아이 스스로 긍정적인 역할을 인식하게 하고, 주변 친구들의 시선도 자연스럽게 부드러워지게 한다.

06. 혼내는 방법 3원칙

첫째, 질문하지 않기

"너 지금 뭐 하는 거니?", "장난쳤는데요.", "그게 지금 무슨 장난이야?",

"몰라요."와 같은 질문은 학생이 말꼬리를 잡게 만든다. 이를 예방하기 위해서는 질문 자체를 하지 않는 것이 좋다.

둘째, "~하는 것은 안된다."라고 말하기

질문을 피해야 하므로 "학교에서 욕하는 것은 안 된다.", "수업 중에 장난치는 것은 안 된다."와 같이 짧고 분명하게 끊어 말한다.

셋째, 지도할 시간이 부족하다면

밖으로 불러서 지도를 하고 있는데 10분이 넘어가고 있다면 중간에 정리한다. "반 아이들이 지금 수업 방해를 받고 있다. 쉬는 시간, 점심시간에 마저 얘기할 것이니 쉬는 시간, 점심 시간에 자리에 앉아 있으세요."라고 말하고, 쉬는 시간이나 점심 시간을 활용해 마무리하면 된다.

Manual

학생 간 갈등 해결 방법

03.

Chapter

Survival

학생 간 갈등 해결 방법

03. Chapter

01. 작은 장난이라면

저학년일수록 쉬는 시간마다 아이들이 자주 교사에게 찾아온다.

"선생님, 쟤가 때리고 사과 안 해요."
"선생님, 쟤가 제 필통을 자꾸 가져가요."
"선생님, 쟤가 계속 놀려요."

이와 같은 말을 들었을 때, 두 학생이 평소 사이가 좋고 단순한 장난으로 보인다면 교사가 모든 상황에 개입할 필요는 없다. 이럴 때는 "그래? 선생님이 이 사실을 알고 있다고 전해주렴. 또 그러면 그때 다시 선생님에게 오세요." 라고 말해주면 대부분 자연스럽게 해결된다.

02. 교사가 해결해야 할 갈등이라면

첫째, 두 학생 다 부르기

두 학생을 불러 다음과 같이 안내한다. "무슨 일이 있었는지 내가 무엇을 했고, 무엇을 들었는지 말하세요. 순서대로 말하세요. 친구 잘못만 말하지 말고, 내 잘못도 말하세요.", "자 1분 줄게. 말할 내용 생각하세요."라고 시간을 준다.

둘째, 한 사람씩 입장 말하기

"이제 김OO부터 말하세요."라고 지목해서 한 사람씩 말하도록 한다. 그런데 저학년 학생들은 시간 순서를 뒤죽박죽으로 말하고 주어나 목적어를 빼먹어서 누가 때렸다는 것인지 모호하게 말한다. 그러면 학생의 말을 중간에 끊는다. "잠깐만, 그러면 김OO이 어깨를 때렸다는 거야? 네가 어깨를 때렸다는 거야?"처럼 사실을 명확히 짚어주면 된다.

셋째, 다른 학생 입장 말하기

첫 번째 학생의 말을 모두 들은 뒤, 두 번째 학생에게 말할 차례를 준다. 이때 첫 번째 학생이 끼어들려 하면, "지금은 네 차례가 아니에요. 박OO이 말할 차례이니 기다리세요."라고 분명히 말해 말싸움을 예방한다.

넷째, 학급 일지에 기록하기

학생들의 이야기를 듣는 동안 날짜, 시간, 학생들의 발언 내용을 학급 일지에 구체적으로 기록한다. 기록을 하다 보면 상황을 더 잘 이해할 수 있고, 추후 학부모가 문의할 경우에도 즉시 확인하여 설명하기가 수월하다. 학급 일지는 인터넷에 '학급 일지'라고 검색하면 다양한 파일을 찾을 수 있다. 그중에서 마음에 드는 양식을 골라 1년 치 분량으로 인쇄한 뒤, 책처럼 정리하여 양쪽 끝을 집게로 집어 사용하면 된다. 이렇게 준비해 두면 매일 기록하기에도 편리하고, 필요한 내용을 빠르게 찾아보는 데에도 도움이 된다.

다섯째, 각자의 잘못을 정리하고 화해하기

이제 두 사람의 말을 모두 다 들으면, 교사는 잠깐 멈추고 각 학생의 잘못을 정리한다. 그 다음, "김OO의 잘못은 ~이고, 박OO의 잘못은 ~이네?" 라고 정리한 후 사과를 지도한다. "자 이제 어떻게 사과할지 생각하세요. 그냥 '미안해'라고 말하는 것은 안 됩니다. 자신의 잘못한 점과 앞으로 어떻게 행동할 것인지를 담아서 말하세요."라고 안내한 뒤, 서로 마주 보고 사과하며 화해하도록 한다.

03. 큰 갈등이라면

갈등의 정도가 큰 경우에도 기본적인 절차는 같다. 다만, 먼저 학생들을 각각 따로 불러 빈 교실에서 이야기를 듣는다. 학생의 말을 들으며 그 아이의 감정을 학급 일지에 쓰고, "그때 네가 ○○한 감정이었겠구나." 라고 공감해준다. 학생에게 잘못한 부분이 있다면 "그런데 이 부분에서는 네 행동도 문제가 되지 않았을까?"라고 차분히 짚어준다.

각각의 이야기를 들은 뒤 교사 일지에 다시 정리하고, 다시 한 번 학생들을 따로 불러 상대방의 이야기를 전달하며 사실 관계를 확인한다. 이후 두 학생을 함께 불러 "선생님이 두 사람의 이야기를 모두 듣고 정리해 보았습니다. 내용을 들어보고 수정할 점이 있으면 이야기하세요."라고 말하며 정리한 내용을 읽어준다.

이 과정에서 서로의 말을 부정하는 경우가 많다. 이때는 "CCTV가 있는 것도 아니고, 선생님이 직접 본 상황도 아니기 때문에 여기서 진실을 완전히 가릴 수는 없습니다."라고 전제한 뒤, "하지만 두 사람이 공통적으로 말한 내용을 보면 김OO의 잘못은 ○○이고, 박OO의 잘못은 △△인 것 같아요. 맞나요?"라고 정리한다. 그리고 "이제 각자 어떤 점을 사과할지, 앞으로 어떻게 조심할지 생각해 보세요."라고 안내한다.

04. 목격자 이야기도 들어야 한다면

학생이 끝까지 자신의 잘못을 인정하지 않는 경우에는 목격자의 진술을 듣는 것이 도움이 된다. 이때의 중요한 팁은 잘못을 인정하지 않는 학생이 있는 상태에서 목격자를 부르는 것이다. 그러면 목격자는 본 그대로 말하기 때문에 잘못한 학생이 압박감을 느끼고 결국 자신의 잘못을 인정한다. "아까 김OO과 박OO이 싸울 때 봤던 사람 와보세요."라고 말하면 많은 학생들이 우르르 온다. "한 사람씩 아까 무슨 일이 있었는지 자신이 듣고 본 것만 말하세요. '누가 말해줬는데요~'처럼 주워 들은 이야기는 안 됩니다."라고 분명히 말한다. 그러면 정확히 보지 않은 학생들은 자연스럽게 물러나고, 실제로 상황을 본 학생들만 남아 보다 구체적인 진술을 하게 된다. 이 과정에서 잘못한 학생이 자신의 행동을 인정하는 경우가 많다.

Manual

놀이

04.

Chapter

Class
Survival
Manual

놀이

04.
Chapter

'놀이'를 생각만 해도 부담이 된다. 어떤 놀이를 해야 할지 고민하게 되고, 준비물을 챙기는 것만 떠올려도 지치기 마련이다. 놀이 도중 아이들이 다투지는 않을지, 반칙하는 학생은 어떻게 지도해야 할지도 걱정이 된다. 하지만 놀이를 잘 활용하면 학급 분위기를 빠르게 부드럽게 만들 수 있고, 아이들과의 관계 형성에도 큰 도움이 된다.

실제로 교실과 운동장에서 활용해 보았을 때 특히 효과가 좋았던 놀이 9가지를 엄선하여 소개한다.

01. 추천 놀이 9가지

추격자 게임

이 놀이는 유튜브 열정기백쌤(2021. 9. 13), 「태그형 게임 | 추격자」에서 알게 된 놀이로, 실외 놀이 중 아이들이 가장 좋아하는 활동이다. 아이들의 이름을 쪽지에 적어 한 사람씩 뽑게 한다. 각 학생은 자신이 뽑은 쪽지에 적

힌 친구를 잡으러 다닌다. 이때 서로가 서로의 이름이 적힌 쪽지를 뽑았을 수도 있는데, 그런 경우에는 그 친구가 나를 동시에 쫓아오게 된다. 이렇게 아이들은 서로를 쫓고 쫓기는 구조 속에서 놀이를 진행한다.

손님 모셔오기

아이들이 어느 정도 친해진 뒤에 하면 특히 반응이 좋은 놀이이다. 실내 놀이 중 웃음이 가장 많이 나오는 놀이이다.

1. 동그랗게 앉는다.
2. 인원 수보다 의자를 한 개 더 준비한다.
3. [사람-빈 의자-사람]이 있는 자리를 찾는다.
4. 그 자리에 앉은 두 학생이 손을 잡고 다른 학생 한 명을 데려와 빈 의자에 앉힌다.
5. 다시 다른 자리에서 같은 과정을 반복한다.

유튜브 멍멍샘의 교실(2022. 5. 22), 「손님 모셔오기」 영상을 함께 보면 이해가 더 쉽다.

Tip

박진감 있는 음악을 틀고 "2분 안에 손님을 최대한 많이 모셔오세요."라고 안내하면 놀이가 훨씬 활기차진다. 매 라운드마다 교사가 손님 수를 세어 알려주면 아이들의 집중도가 훨씬 더 높아진다.

말미잘 술래잡기

규칙이 단순해서 저학년에게 추천하는 놀이이다. 준비물은 제기 3~4개다.

1. 술래는 3~4명, 나머지는 시민이다.
2. 술래는 손에 제기를 들고 다닌다. 누가 술래인지 잘 보이기 위함이다.
3. 술래에게 잡히면 그 자리에서 얼어 말미잘이 된다.

4. 말미잘은 팔을 쭉 뻗고 흐물흐물 움직인다.
5. 시민이 말미잘의 팔에 닿으면 함께 말미잘이 된다.
6. 마지막까지 살아남은 3~4명이 다음 술래가 된다.
저학년의 경우 술래를 하고 싶다고 떼를 쓰는 상황이 자주 생기는데, 이 놀이는 생존자가 자동으로 술래가 되기 때문에 갈등을 줄일 수 있다.

춤추는 대장을 찾아라

교실에서 할 수 있는 놀이이며, 준비물이 필요하지 않고 신나는 음악만 있으면 된다.

1. 학생들이 동그랗게 선다.
2. 교사가 경찰을 뽑는다.
3. 경찰은 원에서 빠져 나와 칠판 앞에서 눈을 감는다.
4. 교사는 '춤추는 대장'을 정한다.
5. 이 '춤추는 대장'은 춤을 춘다.
6. 나머지 학생들은 '춤추는 대장'의 춤을 따라한다.
7. 경찰은 눈을 뜨고 대장을 찾는다.

_출처 : 유튜브 열정기백쌤(2019. 11. 16), 《춤추는 대장을 찾아라》

Tip

처음에는 흥이 많고 적극적인 학생을 대장으로 뽑는 것이 좋다. 놀이에 익숙해지면 수줍은 학생도 대장으로 뽑는다.

31 맞추기 주사위 릴레이 게임

체육관에서 진행하는 놀이다. 이동이 번거롭기는 하지만, 아이들이 손을 잡고 함께 뛰며 공동체 의식을 느끼기에 매우 좋다.

1. 한 팀당 5~6명으로 구성한다.

Tip

팀을 만드는 것도 상당히 시간이 많이 걸린다. 그래서 학생 번호 순으로 첫 번째 팀은 여자 1, 2, 3번과 남자 1, 2, 3번을 총 여섯 명을 한 팀으로 만든다. 두 번째 팀은 여자 4, 5, 6번과 남자 4, 5, 6번을 한 팀으로 만들고 다른 팀들도 똑같이 한다.

2. 각 팀마다 한 줄로 선다.
3. 각 팀 앞에 주사위를 놓고 반환점에는 고깔을 놓는다.
4. 가장 앞에 있는 사람이 주사위를 던졌을 때 '3'이 나왔다면 세 명이 손을 잡고 반환점을 돌아 시작점으로 온다.
5. 다시 주사위를 던져 나온 숫자만큼의 인원들이 손을 잡고 반환점을 돌아온다.
6. 주사위 눈의 수의 합이 31이 되면 팀원들은 제자리에 앉고 "완료!"라고 외친다.

단, 현재 주사위 눈의 합이 30이라면, 반드시 1이 나올 때까지 주사위를 굴려야 한다.

놀이 설명에서 알 수 있듯이, 준비 단계 외에는 교사가 크게 할 일이 없어서 상당히 편하다. 다만, 천 재질의 큰 주사위 6개와 고깔 6개를 미리 준비해 두어야 한다. 보통 학교의 체육관 창고에 많이 있고 다른 반 선생님들께 빌려도 된다.

_출처 : 유튜브 열정기백쌤(2022. 11. 5), 《31 맞추기 주사위 릴레이 게임》

과일 샐러드

Chapter 1에서 설명한 놀이다. 교실에서 할 수 있으며 모든 학년에서 활용 가능하다.

1. 인원 수보다 의자가 하나 적게 준비하고, 원 모양으로 의자를 배치한다.

Tip

"포도인 사람 손 들어 보세요, 사과인 사람 손 들어 보세요, 배인 사람 손 들어 보세요."라고 말하여 아이들이 자신의 과일을 알고 있는지 확인한다.

2. 교사는 앉아 있는 학생들의 머리를 차례로 짚으며 "포도, 사과, 배"를 반복해 말하고, 모든 학생에게 과일 이름을 하나씩 정해 준다.
3. 술래가 원 가운데에 선다.
4. 의자에 앉아 있는 학생들은 "어떤 과일을 좋아합니까?"라고 술래에게 묻는다.
5. 술래는 포도, 사과, 배 중 하나를 대답한다.
6. 술래가 포도라고 대답했다면, 포도인 학생들은 일어나서 다른 자리에 앉는다.
7. 술래가 "과일샐러드"라고 대답한다면 모든 학생이 일어나서 다른 자리에 앉는다.
8. 이 때 빈 의자를 찾지 못한 학생이 술래가 되어서 놀이를 계속한다.

당신은 당신의 이웃을 사랑하십니까

Chapter 1에서 설명한 놀이다. '과일 샐러드' 놀이와 배치 방법이 똑같으므로 '과일 샐러드' 놀이를 먼저 한 다음, 아이들이 흥미를 점점 잃어갈 때 이 놀이를 하면 좋다.

1. 인원 수보다 의자가 하나 적게 준비하고, 원 모양으로 의자를 배치한다.
2. 의자가 없어서 앉지 못한 학생이 술래가 된다.
3. 앉아 있는 아이들은 "당신은 어떤 이웃을 사랑합니까?"라고 묻는다.
4. 술래는 "안경 쓴 이웃을 사랑합니다."와 같이 학생들의 특징과 관련된 대답을 한다.
5. 특징에 해당하는 학생들(안경 쓴 학생들)은 일어나서 다른 자리에 앉는다.
6. 이때 앉지 못한 학생이 술래가 된다. 이것을 반복한다.

Tip

아이들은 특징을 포착해내는 것을 어려워해 어떻게 대답해야 할지 잘 모른다. 그래서 먼저 놀이를 하기 전에 규칙을 먼저 설명해준 후 아이디어를 모으는 브레인스토밍을 하는 것도 좋다. 예를 들어, 흰 양말을 신은 사람, 머리를 묶고 있는 사람, 점퍼를 입고 있는 사람 등 다양한 아이디어를 모은 다음 놀이를 진행한다.

실내화 탑 쌓기

40분 내내 이 놀이를 하기보다 다른 모둠 활동을 한 다음에 수업 시간이 20분 정도 남았을 때 하기 좋은 놀이다. 별도의 준비물이 필요하지 않아서 좋다.

1. 4명씩 한 팀으로 만든다.
2. 실내화를 가장 높게 쌓은 팀이 이긴다.
3. 학생들이 어느 정도 숙달이 되었다면, 팀들을 합쳐서 8명 당 한 팀으로 구성한다.
4. 이후 12명 당 한 팀으로도 구성해서 놀이를 한다.

_출처 : 실내화 탑, 꿍쌤 네이버 블로그(2023.11.13)

루돌프를 잡아라

크리스마스를 위해 필자가 직접 만든 놀이로, 모든 학년에서 반응이 좋았다. 준비물은 루돌프 코 역할을 하는 빨간 솜 뭉치만 있으면 된다. 혹은 아이들에게 집에 산타 머리띠와 루돌프 머리띠가 있는 사람은 가지고 오라고 해도 된다.

산타와 루돌프 역할을 나누고, 산타들은 질문을 통해 루돌프를 찾아

낸다. 질문 횟수, 거짓말 횟수 제한을 두어 놀이의 긴장감을 유지한다.

놀이 설정을 아래와 같이 이야기 형식으로 설명해주면 아이들의 몰입도가 매우 높아진다.

한 명씩 쪽지를 뽑는다. 다섯 명은 루돌프이고, 나머지 스무 명은 산타이다.

매일 매년 크리스마스 때마다 무거운 산타를 태우는 것이 지친 루돌프……. 자신도 루돌프가 아니라, 산타가 되기로 결심한다! 그래서 몰래 사슴 뿔과 빨간 코를 떼고 산타 복장을 해서 산타 마을 곳곳에 숨어 있는데…! 나머지 산타들은 루돌프를 찾아야 한다!

단, 지나다니는 산타들 중 다섯 명에게만 질문을 한 번씩 물어볼 수 있다! 의심되는 사람들 잘 살펴보고 신중하게 물어볼 것!(질문 5개를 다 쓰면, 탈락! 밖에서 쉬기)
루돌프는 거짓말을 세 번 할 수 있음! 대신 질문은 무한대로 할 수 있음!(몇 번 거짓말을 했는지는 루돌프 양심에게 맡기겠습니다.)

루돌프가 적발되면, 산타들이 루돌프를 에워싸고 "루돌프 사슴코는 매우 반짝이는 코~" 노래를 부른다. 그리고 산타들이 "미안해… 많이 무거웠니? 앞으로 잘해줄게."라고 말하고 빨간 코와 뿔을 다시 붙여 주기! 그렇게 들킨 루돌프는 탈락! 밖에서 쉬기!

루돌프가 1명이라도 남으면? 루돌프팀 승리!
루돌프 5명을 모두 탈락시키면? 산타팀 승리!

Tip

루돌프	루돌프	루돌프	루돌프	루돌프
산타	산타	산타	산타	산타
산타	산타	산타	산타	산타
산타	산타	산타	산타	산타
산타	산타	산타	산타	산타

쉬는 시간에 이름 쪽지를 미리 준비해 두면 놀이 진행이 훨씬 수월해진다. 이름 쪽지 세 장씩 인쇄하여 학생 A, B, C에게 각각 한 장씩 나누어 준다. 학생들에게 쪽지를 자른 뒤 두 번 접어서, 각자 비닐봉지 한 개씩에 넣도록 안내한다.

게임을 시작할 때는 아이들을 한 줄로 세운 뒤, 비닐봉지에서 쪽지를 한 장씩 뽑게 한다. 그 다음 규칙을 차분히 설명하고 놀이를 진행한다. 이 놀이를 세 번 정도 반복하면 약 40분 정도 된다.

02. 놀이 규칙을 잘 이해하도록 돕는 방법

아이들은 한 번의 설명만으로 놀이 규칙을 모두 익히기 어렵다. 교사는 충분히 잘 설명했다고 느끼지만, 실제 놀이가 시작되면 아이들이 교사에게 와서 규칙을 다시 묻는 바람에 놀이가 중단되는 경우가 자주 발생한다. 이를 줄이기 위해 총 세 단계의 절차로 규칙을 안내한다.

첫째, 놀이와 관련된 유튜브 영상을 먼저 보여준다. 앞에서 소개한 대부분의 놀이는 유튜브에 실제 놀이 장면과 규칙이 정리된 영상이 있다. 영상을 먼저 보여주면 아이들이 놀이의 전체 흐름을 시각적으로 이해하는 데 도움이 된다.

둘째, 교사가 판서를 하며 규칙을 다시 한 번 설명한다. 영상으로 본 내용을 정리해 주는 단계로, 핵심 규칙만 간단하게 짚어 주는 것이 좋다.

셋째, 질문을 받는다. 이미 두 차례 설명했지만 집중하지 못한 아이들은 여전히 규칙을 헷갈려 한다. 이때 나오는 질문에 하나씩 답해 주며 모든 아이들이 이해하도록 돕는다.

이러한 과정을 거치면 놀이 중에 규칙을 서로 다르게 이해해 다투는 상황이 줄어들고, 놀이가 보다 안정적으로 진행된다.

03. 반칙 해결 방법

놀이 한 판이 끝날 때마다 규칙 수정하기

놀이가 한 판 끝나면 아이들은 종종

"선생님! ○○이가 반칙했어요." "선생님! 아까 ○○이가 팔로 저를 때렸어요."

와 같은 이야기를 합니다.

이때 아이들을 모두 모아 상황을 간단히 정리한 뒤, 반칙이나 사고가 다시 발생하지 않도록 규칙을 수정한다. 또한 놀이를 실제로 해 보니 술래가 2명인 것보다 3~4명이 더 적절하다고 판단되면, 이 시점에서 안내하고 다음 판 놀이를 진행한다.

반칙이 심한 학생은 2분 동안 쉬기

놀이 중 학생 간 싸움이 발생하면 Chapter 3에서 설명한 '학생 간 갈등 해결 방법'을 적용한다. 다른 아이들은 놀이를 계속 진행하도록 하고, 싸운 학생들만 따로 불러 이야기를 들어 본다.

만약 우는 학생이 있다면 놀이 장소에서 한걸음 떨어져서 잠시 불러내어 앉아서 쉬게 하며 감정을 가라앉히도록 한다. 다만 즉시 상황 파악이 어렵다고 판단되면, 놀이를 모두 마친 뒤 두 학생을 다시 불러 자세히 상황을 확인한다.

놀이가 끝난 후에는 아이들을 모두 자리에 앉힌 뒤 전체 지도를 한다. 이때 "놀이 중에 싸움이 계속 일어난다면, 선생님은 너희에게 놀이 시간을 줄 수 없습니다. 놀이의 기본은 '규칙을 지키면서 활동하는 사람'이라고 분명히 말했습니다. 반드시 지키세요."라고 분명하게 안내한다.

04. 놀이하다가 싸운다면

놀이 중 학생 간 싸움이 발생하면 Chapter 3에서 제시한 '학생 간 갈등 해결 방법'을 적용한다. 다른 아이들은 놀이를 계속 진행하도록 하고, 싸운 학생들만 따로 불러 이야기를 들어 본다.

만약 우는 학생이 있다면 교실 밖으로 잠시 불러내어 앉아서 쉬게 하며 감정을 가라앉히도록 한다. 다만 즉시 상황을 정확히 파악하기 어렵다고 판단되면, 놀이를 모두 마친 뒤 두 학생을 다시 불러 자세히 상황을 확인한다.

놀이가 끝난 후에는 아이들을 모두 자리에 앉힌 뒤 전체 지도를 한다. 이때 "놀이 중에 싸움이 계속 일어난다면, 선생님은 너희에게 놀이 시간을 줄 수 없습니다. 놀이에서 가장 중요한 것은 '규칙을 지키면서 활동하는 사람'이라고 분명히 말했습니다. 반드시 지키세요."라고 분명하게 안내한다.

학급 운영 특색 활동

05.
Chapter

Survival

학급 운영 특색 활동

05. Chapter

01. 한 주 정리 시간

한 주 정리 시간은 매주 금요일 4교시에 도덕 교과를 대신하여 진행하는 활동이다. 먼저 이 활동은 책 「학교폭력, 멈춰!」(문재현 저)에서 '하루 닫기(정리)' 활동을 변형한 것이다. 활동 방법은 학생들이 책상과 의자를 둥글게 배치하여 서로 마주 보고 앉는 것이다. 이때 교사도 빈 책상과 빈 의자를 활용하여 아이들과 함께 원 안에 앉아 참여한다. '한 주 정리'란 말 그대로 한 주, 즉 이번 주를 돌아보고 정리하는 활동이다.

학생들은 한 주 동안 친구들과 선생님에게 고마운 점, 사과하고 싶은 점, 바라는 점을 적고 차례대로 돌아가며 말한다. 이때 고마운 점은 반드시 한 가지 이상 말하도록 한다. 활동을 수월하게 진행하기 위한 팁은 이번 주 주간 학습 안내를 TV에 띄워 두고 아이들과 함께 살펴보는 것이다. 그러면 무엇을 말해야 할지 몰라 망설이던 아이들도 이번 주 활동을 떠올리며 비교적 쉽게 글을 쓴다.

이 활동의 효과는 학생들 간에 라포가 형성되고, 동시에 문제 학생을 지도할 수 있다는 점이다.

고마운 점의 효과

먼저, 고마운 점의 효과는 감정 감화가 일어난다는 데 있다. "점심시간에 ○○이가 같이 놀아줘서 고마웠어요.", "어제 색연필을 안 가져왔는데 짝꿍이 빌려줘서 고마웠어요."와 같이 말하면 아이들의 얼굴에 쑥스러우면서도 기분 좋은 미소가 나타난다. 이를 지켜보는 교사의 마음도 자연스럽게 부드러워진다. 또한 "어제 사회 수업을 재미있게 해 주셔서 감사했어요.", "선생님이 미술 시간에 작품을 잘 만들었다고 칭찬해 주셔서 고마웠어요."와 같이 교사에게 감사의 마음을 표현하는 학생들도 있다.

이러한 과정을 통해 '감사합니다', '고마워요'라는 표현이 자연스럽게 습관으로 형성된다. 요즘 아이들의 특성상 감사 표현이 익숙하지 않은 경우가 많으나, 몇 달간 이 활동을 지속하면 아이들이 자연스럽게 감사의 말을 표현하는 모습을 볼 수 있다.

고마운 점 말하기의 두 번째 효과는 학생들이 문제 학생이나 소외된 학생에게도 자연스럽게 관심을 가지게 된다는 점이다. 앞에서 언급했듯이 교사 역시 한 주 정리 활동에 함께 참여한다. 교사는 한 주 동안 아이들의 생활 모습을 세심하게 살펴보며, 문제 학생이나 소외된 학생이 보였던 작은 긍정적 행동을 찾아 고마운 점으로 말한다. 예를 들어, "어제 누군가가 물을 흘렸는데 ○○이가 바로 일어나 물을 닦아 주어서 고마웠어요.", "□□이가 자신의 청소 구역이 아님에도 불구하고 바닥에 있는 쓰레기를 발견하고 먼저 치워 주어서 고마웠어요."와 같이 구체적으로 말한다.

이러한 교사의 말은 해당 학생을 특별히 두둔하거나 강조하지 않으면

서도, 그 학생의 좋은 모습을 자연스럽게 드러내는 역할을 한다. 이 말을 들은 아이들은 문제 학생이나 소외된 학생을 '생각보다 괜찮은 아이구나'라고 인식하게 되고, 그 과정에서 경계나 거리감이 줄어들며 자연스럽게 호감이 형성된다. 이는 교사가 직접 훈계하거나 분위기를 조정하지 않아도 학급 내 관계가 부드럽게 변화하도록 돕는 효과적인 방법이다.

마지막 효과는 아이들의 교우관계를 자연스럽게 파악할 수 있다는 점이다. 아이들은 고마운 점을 말할 때 "○○이랑 아침 시간에 같이 등교해서 고마웠어요.", "점심시간에 ○○, □□, △△이와 같이 놀아줘서 고마웠어요."와 같이 자신이 주로 함께 지내는 친구들의 이름을 자연스럽게 언급한다. 이를 통해 교사는 누가 누구와 자주 어울리는지, 어떤 관계망이 형성되어 있는지를 반복적으로 확인할 수 있다.

처음에는 매주 비슷한 이름들이 등장하지만, 어느 순간 특정 아이의 이름이 빠지는 경우가 생긴다. 이 변화는 교우관계에 작은 갈등이나 거리감이 생겼다는 신호일 수 있다. 이럴 때에는 전체 앞에서 묻지 않고, 해당 학생만 조용히 따로 불러 무슨 일이 있었는지 차분하게 물어본다. 이렇게 하

면 아이가 부담 없이 자신의 상황을 이야기할 수 있고, 교사는 갈등이 커지기 전에 미리 파악하여 적절한 지도를 할 수 있다. 이처럼 겉으로 드러나지 않는 아이들의 관계 변화를 교사가 긴밀하게 살필 수 있게 해 주는 중요한 역할을 한다.

사과하고 싶은 점의 효과

문제 학생이 스스로를 돌아보고 반성하게 된다는 점이다. 처음에는 '사과받고 싶은 점'까지 말하도록 운영했으나, 아이들이 문제 학생에게 "사과해라", "나한테도 사과해"라고 말하며 갈등이 커지는 상황이 발생했다. 그로 인해 현재는 사과하고 싶은 점만 말하도록 활동 방식을 조정했다. 문제 학생 역시 자신이 무엇을 잘못했는지 알고 있는 경우가 많다. 문제 학생이 스스로 사과를 하면 피해를 입은 학생의 화가 자연스럽게 줄어드는 모습을 실제로 확인할 수 있었다.

이러한 경험을 통해 문제 학생과 다른 학생들 간의 관계가 점차 긍정적

으로 변화했다. 사과하는 일은 결코 쉬운 일이 아니다. 그래서 한 주 정리 시간에 처음으로 사과를 한 학생이 있을 때에는 "얘들아, 이렇게 많은 사람들 앞에서 사과하는 것은 정말 어려운 일이야. 큰 용기가 필요한데 그 용기를 내 준 ○○이에게 박수를 보내 주자."라고 말하며 사과를 보다 편하게 할 수 있도록 교실 분위기를 조성한다.

바라는 점의 효과

첫째, 문제 학생을 교사가 아닌 또래가 자연스럽게 지도하게 된다는 점이다. 아이들은 바라는 점을 말하는 과정에서 문제 학생에게 "수업 시간에 노래를 흥얼거려서 힘들어요.", "저한테 화내듯이 말해서 불편해요."와 같이 자신의 불편함을 직접 표현한다.

이 과정에서 아이들은 쌓여 있던 불만을 말로 풀어내며 스트레스를 해소하고, 문제 학생 역시 친구들의 솔직한 이야기를 들으며 자신의 행동을 돌아보게 된다. 교사가 나서서 반복적으로 지도하지 않아도 또래의 말 한마

디가 더 크게 작용하여, 자연스럽게 행동 개선이 이루어지는 경우가 많다.

둘째, 학생들의 생활 습관이 효과적으로 교정된다는 점이다. 교사가 "문 좀 닫고 다녀라.", "우산을 제대로 꽂아라."와 같이 말로만 지도할 때에는 아이들이 이를 잔소리로 받아들이고 쉽게 고치지 않는다. 이때 교사가 문제 되는 장면을 사진으로 찍어 두었다가 "이번 주에 선생님의 바라는 점은 이것이다."라고 하며 사진을 보여주면, 아이들은 자신의 행동을 시각적으로 확인하고 즉각적으로 수정한다.

이 과정에서 잔소리로 인식하지 않기 때문에 거부감도 적다. 이 방법을 활용하면 우유 상자에 우유갑을 아무렇게나 던져 두는 행동, 쓰레기통 주변에 쓰레기를 흩뿌리는 행동, 청소도구함 문을 제대로 닫지 않는 행동 등과 같은 생활 속 습관을 비교적 수월하게 교정할 수 있다.

02. 놀이 시간

매주 금요일 4교시를 한 주 정리 시간으로 운영한다면, 그 다음 교시인 5교시는 놀이 시간으로 운영한다. 시간표 상으로는 체육 교과로 설정한다. Chapter 4. 놀이에서 소개한 추천 놀이 9가지를 활용하면 준비 부담이 크지 않아 신규 교사도 비교적 편하게 진행할 수 있다.

사실 놀이 시간을 시작하게 된 계기는 매우 단순하다. 금요일은 한 주의 마지막 날이어서 아이들이 평소보다 집중력이 떨어지고 산만해지기 쉽다. 이러한 상황에서 '이럴 바에는 차라리 제대로 놀자.'라는 생각으로 놀이 시간을 운영하게 되었고, 그 결과 학급 분위기와 학생 관계 전반에 긍정적인 변화를 가져오게 되었다.

놀이 시간 운영 포인트

놀이 시간을 운영할 때 중요한 포인트는 두 가지이다.

첫째, 교사도 놀이에 함께 참여한다. 교사가 직접 놀이에 참여하면 학생들과의 라포가 빠르게 형성되고, 이후 학급 운영과 생활 지도 전반이 한결 수월해진다.

둘째, 모든 학생이 같은 놀이를 함께 하도록 한다. 친한 아이들끼리만 따로 노는 방식이 아니라, 반 전체가 하나의 놀이를 공유하도록 하는 것이 핵심이다.

놀이 시간 효과

놀이 시간의 첫 번째 효과는 소외 학생에게도 또래와 함께 어울릴 수 있는 시간이 생긴다는 점이다. 학부모 상담 주간에 소외 학생의 학부모들은 대체로 자녀의 학교생활 적응을 가장 걱정한다. 이때 교사는 "매주 한 시간씩 놀이 시간을 제공합니다. 놀이를 통해 아이들이 자연스럽게 함께 어울리다 보면, 자녀를 '괜찮은 친구'로 인식하게 되고 점점 친해질 것입니다. 그러면 쉬는 시간에도 혼자 있지 않고 친구들과 어울리게 됩니다."라고 설명할 수 있다. 이러한 설명은 학부모에게 큰 안도감을 준다.

두 번째 효과는 '우리 반'이라는 공동체 의식이 형성된다는 점이다. 쉬는 시간이나 점심 시간에는 보통 친한 친구들끼리만 어울리기 때문에, 같은 반이더라도 서로를 '친구'로 인식하지 못하는 경우가 많다. 그러나 매주 정기적으로 놀이 시간을 통해 함께 놀다 보면, 아이들은 반 친구 전체를 '우리'라고 인식하기 시작한다. 그 결과 모둠 활동에서도 협동이 잘 이루어지고, 갈등 상황에서도 화합하는 모습을 보인다.

세 번째 효과는 아이들이 교사를 좋아하고 잘 따른다는 점이다. 아이들은 "학교에서 유일하게 놀이 시간을 주는 선생님"이라고 인식하며 교사에게 긍정적인 감정을 갖는다. 이로 인해 수업 분위기가 흐트러지거나 생활 태도가 흐려질 때, "계속 이렇게 하면 이번 주 놀이 시간은 없다."라고 말하면 아이들이 스스로 태도를 바로잡는 경우가 많다.

Manual

수업 준비 쉽게 하기

06.

Chapter

Class
Survival
Manual

수업 준비 쉽게 하기

06.
Chapter

01. PPT 만드는 노동 그만!

다음 날 수업을 준비하기 위해 PPT를 만드는 데에는 생각보다 많은 시간이 걸린다. 업무를 처리하고, 청소를 지도하고, 학생 간 갈등을 학부모에게 전달하다 보면 수업 준비에 충분한 시간을 확보하기가 어렵다. 이러한 상황에서는 PPT를 새로 제작하기보다 교과서 PDF를 컴퓨터에 내려받아 바로 화면에 띄우고, 마우스로 필기하며 수업하는 방법을 추천한다.

PPT로 수업 자료를 만들 경우, 아이들은 화면에 보이는 자료와 자신이 펴 놓은 교과서의 모습이 조금만 달라도 몇 번 문제를 풀어야 하는지 헷갈려 하는 경우가 많다. 반면 교과서 PDF를 그대로 TV에 띄우면 아이들의 교과서와 화면이 완전히 같기 때문에 안내를 하지 않아도 바로 이해한다.

여러 필기 프로그램을 사용해 본 결과, 가장 사용하기 편리한 프로그램은 '아이캔노트'이다. '아이캔노트' 네이버 카페에서 무료로 내려받을 수 있다. 연구실에 비치된 교과서 PDF를 컴퓨터에 저장한 뒤, 아이캔노트 프로그램을 실행하여 해당 교과서 PDF를 선택하면 바로 사용할 수 있다.

아이캔노트는 필기 도구가 한눈에 들어오도록 구성되어 있어 사용이 쉽다. 연필 기능, 형광펜 기능, 텍스트 기능이 모두 갖춰져 있어 수업 중 활용하기에 편리하다.

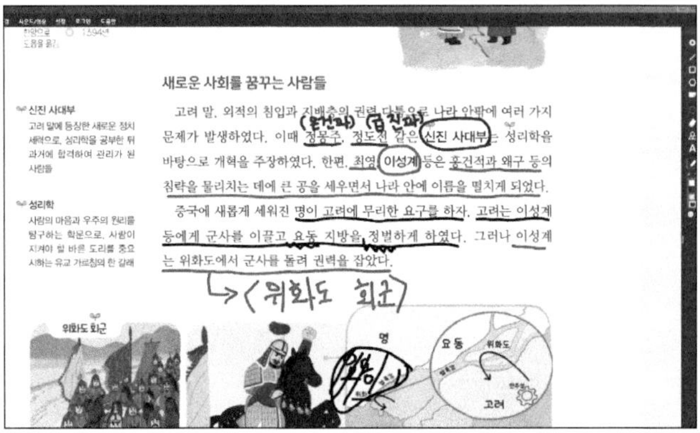

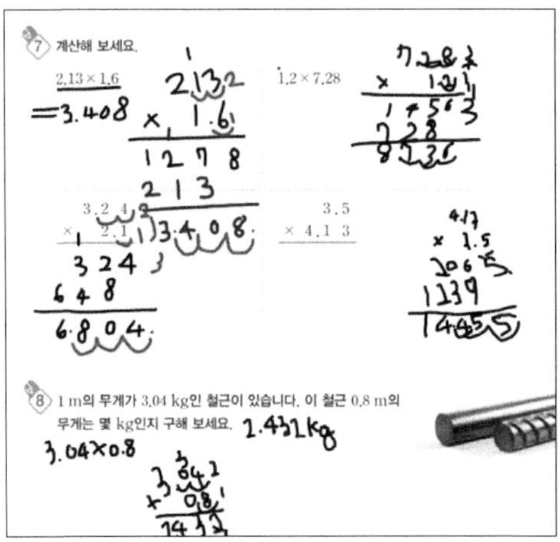

교과서 글자 위에 직접 밑줄을 긋거나 글씨를 써 놓고, 학생들에게 그대로 따라 쓰도록 지도할 수 있다.

특히 수학 수업에서 가장 유용하다. 칠판에 풀이 과정을 적었다가 지우는 일을 반복하는 과정은 생각보다 번거롭다. 교과서 PDF에는 이미 수학 식이 제시되어 있으므로, 그 아래에 연필 기능을 사용해 풀이 과정만 적으면 된다. 이 방법을 활용하면 지우고 다시 쓰는 과정이 줄어들어 수업 시간이 절약되고, 교사도 훨씬 편하게 수업을 진행할 수 있다.

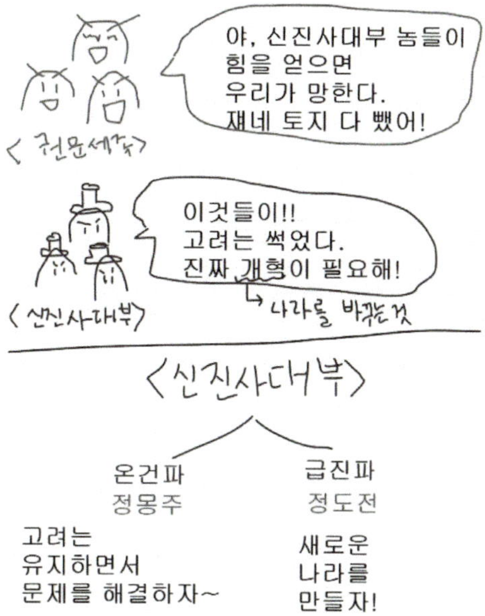

공책 필기 지도에도 유용하다. 아이캔노트의 빈 화면을 열고 교사가 텍스트로 입력하는 내용을 그대로 필기하도록 하면 된다.

수업이 끝난 뒤에는 파일을 저장하여 바탕화면에 두면 된다. 다음 차시에는 바탕화면의 바로가기를 눌러 바로 열 수 있어 준비 시간이 크게 줄어든다. 이 방법은 학생들에게 필기를 시키기에도 효과적이다.

02. 인디스쿨 활용 팁

초등 교사 자료 공유 커뮤니티인 인디스쿨에는 실제 수업에 바로 활용할 수 있는 양질의 자료들이 많이 올라온다. 신규 교사뿐만 아니라 경력이 있는 교사에게도 큰 도움이 되는 공간이다. 다만, 매일 다음 날 수업에

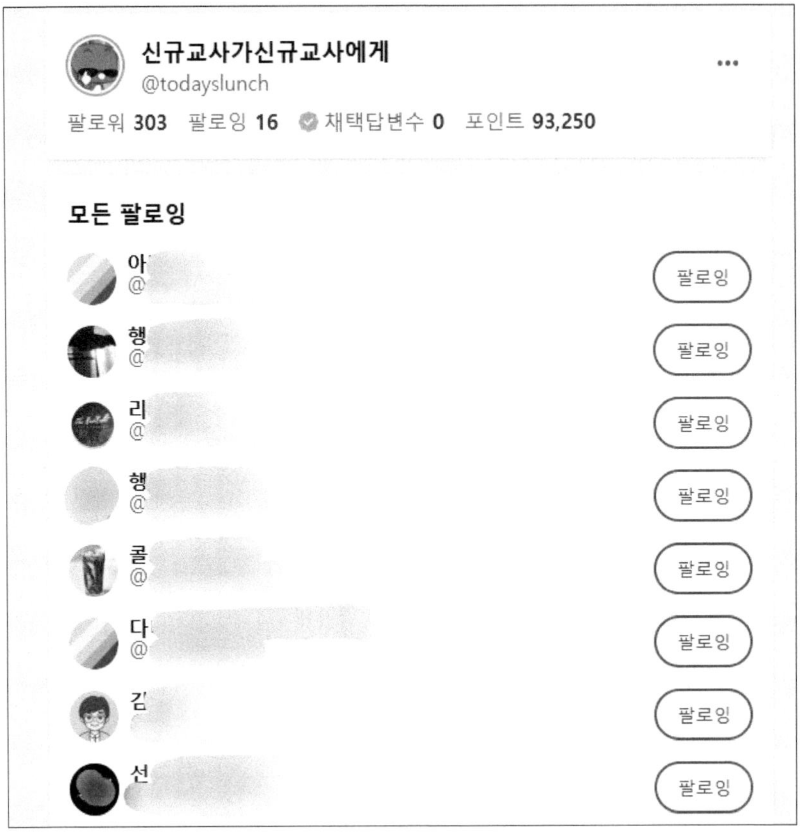

사용할 자료를 그때그때 검색하다 보면 생각보다 많은 시간이 소요된다. 업무와 수업 준비를 병행해야 하는 상황에서는 이 과정이 부담으로 느껴질 수 있다.

이럴 때 활용하면 좋은 방법이 마음에 드는 수업 자료를 자주 올리는 선생님을 팔로우하는 것이다. 인디스쿨에서는 특정 선생님을 팔로우할 수 있기 때문에, 자신의 수업 스타일이나 학년·교과와 잘 맞는 선생님을 몇 명 정해두면 자료 탐색 시간이 크게 줄어든다.

또한 팔로우한 선생님 목록을 즐겨찾기로 저장해 두면 더욱 편리하다. 즐겨찾기를 활용하면 검색 과정을 거치지 않고도 해당 선생님들이 올린 자료만 바로 확인할 수 있다. 이 방법을 사용하면 짧은 시간 안에 수업에 활용할 자료를 찾을 수 있어, 수업 준비에 대한 부담을 줄이고 보다 여유 있게 하루를 준비할 수 있다.

학부모 대응

07.

Chapter

Survival

학부모 대응

07. Chapter

01. 학부모에게 연락하는 방법

신규 교사로서 가장 큰 부담을 느끼는 일 중 하나는 학부모에게 연락하는 일이다. 전화 한 통, 문자 한 줄을 보내기 전부터 '내 목소리만 듣고 나를 어린 교사로 여기며 무시하지는 않을까', '혹시 내가 알지 못하는 내용을 물어보면 어떻게 답해야 할까'와 같은 걱정이 계속 이어지기 때문이다. 만약 학부모가 교사가 즉시 답하기 어려운 정보를 질문한다면, 그 자리에서 무리하게 답할 필요는 없다. 이때에는 "해당 사항은 담당자에게 확인한 뒤 다시 연락드리겠습니다."라고 안내하면 된다.

이러한 고민은 신규 교사라면 누구나 겪는 자연스러운 과정이다. 그러나 학부모와의 소통은 피할 수 없는 업무이자, 방법만 익히면 생각보다 훨씬 수월해진다. 이 장에서는 학부모에게 전화할 때와 문자를 보낼 때 활용할 수 있도록, 실제 상황에서 그대로 써도 되는 표현을 중심으로 대본처럼 안내하고자 한다. 신규 교사들이 불안함을 조금이나마 덜고, 보다 안정적으로 학부모와 소통할 수 있기를 바란다.

학부모에게 전화할 때

1. 내 소개

"안녕하세요, ○학년 ○반 담임 홍길동입니다. 지금 통화가능하실까요?"

2. 학교생활 물어 보기

"○○이가 학교 생활 어떻다고 하던가요?"

"즐겁다고 하니 정말 다행이네요."

3. 아이 칭찬해주기

"수익 숙제를 냈는데 안했다고 아침시간, 쉬는시간도 반납하고 끝까지 하더라구요. 학습태도가 정말 좋습니다."

"또 아이들이 떠들면 '조용히 해!'라고 ○○이가 말해준답니다~"

이렇듯 아이에 대한 칭찬을 먼저 해주면, 학부모들이 마음의 벽을 허문다. 그래서 본론에서 무슨 말을 하더라도 잘 받아들인다. 간혹 칭찬을 인사치레라고 생각하여 안 궁금해하고 본론을 먼저 말해주길 원하는 학부모들이 있다. 그러면 본론으로 바로 들어가면 된다.

Tip

가끔 칭찬할 거리가 생각나지 않는 경우가 있다. 그럴 때에는 "○○이가 항상 씩씩하게 인사해 주어서 아침에 큰 힘을 얻는답니다."라고 말하면 된다.

4. 본론

"다름이 아니라 학교에서 전체 학부모님께 가정통신문을 보낼 때는 A라는 업체를 씁니다.

그리고 저와 전화하실 때, 제가 문자를 드릴 때는 '하이클래스'를 씁니다. 첫 날 가정통신문을 보내드렸는데, 가입을 아직 안 하셔서 연락드렸습니다. ○○이 가방에 가정통신문 있을 것이니 확인하시고 가입해 주세요."

5. 끝인사

"네 들어가세요. 감사합니다."

학부모에게 문자를 보낼 때

교사 : 안녕하세요 학부모님, ○학년 ○반 담임 홍길동입니다. 다름이 아니라, ○○이가 학교 첫 날 배부한 가정통신문을 아직 제출하지 않아서 연락드립니다. 가정에서 확인 부탁드립니다.

학부모 : 네, 미처 확인을 못했네요. 알겠습니다.

교사 : 네, 행복한 저녁 시간(혹은 주말) 보내시길 바랍니다.

전화나 문자를 마무리하는 인사말은 생각보다 어렵게 느껴진다. 이와 같은 방식으로 정리하여 말하면 충분하다.

학생 간 갈등을 알리기 위해 연락할 때

학생한테 들어서 메모한 내용 복기하기

Chapter 3 학생 간 갈등 해결 방법에서 설명했듯이, 교사는 양쪽 학생의 입장을 듣고 학급 일지에 썼을 것이다. 이를 다시 차분히 정리하며 사건의 처음부터 끝까지 복기한다. 이때 주어와 목적어를 분명히 하는 것이 중요하다. 예를 들어, '영희가 철수의 어깨를 실수로 밀쳤는데 힘이 셌다. 이에 철수가 화가 나 영희를 때렸고, 이후 싸움이 시작되었다.'와 같이 설명한다. 학부모는 전화로 상황을 전달받기 때문에, 주어와 목적어를 명확히 말할수록 이해가 쉬워진다.

학부모에게 전화했을 때

✧ 첫인사

"안녕하세요, ○-○ 담임입니다. 지금 통화 가능하신가요? 다름이 아니라 ○○이가 오늘 친구와 다툼이 있어 전화드렸습니다."라고 말하며 시작하면 된다. 이후 정리해 둔 메모를 보며 사건의 경과를 주어와 목적어를 분명히 하여 설명한다.

✧ 지도 내용 안내

그 다음으로 "이러한 상황이 발생하여 교사가 학생 각자의 입장을 들어보고, 서로 바라는 점을 말한 뒤 사과하도록 지도했습니다."와 같이 교사의 지도 내용을 안내한다.

✧ 마무리

마지막으로 "학부모님께서도 오늘 집에서 한 번 이야기해 보시고 가정에서 지도해 주시길 바랍니다."라고 마무리한다.

✧ 학생이 다친 경우

만약 학생이 다친 경우에는 보건실에 다녀온 사실과 처치 내용을 함께 안내한다. 처치 내용은 보건교사에게 메신저로 확인한 뒤 전달하면 된다. "보건실에 가서 처치를 받았고, 보건선생님께서 ○○하다고 하셨습니다. 한 번 상처를 확인해 보시고, 걱정되시면 병원 방문을 권해 드립니다."와 같이 안내하면 된다.

02. 학부모 총회 준비 및 진행 방법

3월 첫 주는 어떻게 지나갔는지 모를 만큼 정신없이 흘러간다. 그런데 바로 그 다음 주에 학부모 총회가 예정되어 있다. 학부모를 직접 대면하는 자리이기 때문에 신규 교사라면 특히 긴장될 수밖에 없다.

그러나 여러 해 학부모 총회를 진행해 본 결과, 교사가 한 해 동안 아이들과 어떻게 지낼 것인지, 아이들을 위해 어떤 수업과 활동을 계획하고 있는지를 진정성 있게 설명하면 학부모는 자연스럽게 마음의 문을 연다. 학부모 총회는 '잘 보이기 위한 자리'가 아니라, '함께 아이를 키우기 위한 첫 만남'이라는 관점으로 준비하면 훨씬 수월해진다.

아래에 학부모 총회 진행 순서를 차례대로 안내한다. 학부모 총회 PPT 파일은 신규 교사가 신규 교사에게 블로그에 〈학부모 총회 자료, 준비 방법〉(2024.03.18.)이라는 제목으로 올려 두었다. 해당 자료를 내려받아 활용하면 보다 부담 없이 학부모 총회를 준비할 수 있다.

학생들의 교과서·책상·사물함을 볼 수 있는 시간 주기

학부모 중에는 약속 시간보다 일찍 교실에 도착하는 경우가 있다. 이때에는 학생들의 자리를 안내하고, 뒤쪽 게시판에 게시된 작품을 감상하거나 사물함을 열어 교과서를 살펴보도록 안내하면 된다.

학부모는 내 아이가 수업 시간에 집중을 잘 하고 있는지, 교사가 안내한 내용을 교과서에 빠짐없이 적고 있는지, 글씨는 바르게 쓰고 있는지 등을 가장 궁금해한다. 이 시간을 통해 학부모의 궁금증을 자연스럽게 해소할 수 있다.

담임 인사 및 소개

이 시간이 가장 떨리는 순간이다. 신규 교사라면 짧은 경력이나 개인적인 이야기를 꺼내지 않고도 충분히 인사를 할 수 있다.

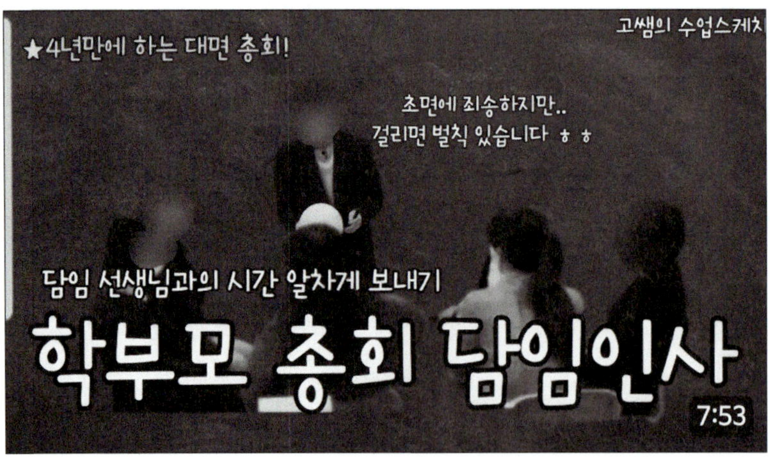

이는 유튜브 '고쌤의 수업 스케치' 〈학부모 총회(담임과의 시간)〉(2023.03.19.)에서 배운 방법이다. 담임 소개에 앞서, 먼저 학부모 소개 시간을 갖는다.

✧교사 발문

교사 : 제 소개를 하기에 앞서, 학부모님들의 소개를 먼저 듣고 싶습니다. 아이의 장점을 포함하여 간단히 자기소개를 해주세요. 예를 들어, "축구를 좋아하는 샛별이의 엄마 김○○입니다."와 같이 말하시면 됩니다.

이를 학부모들이 돌아가며 진행한다.

✧그다음

교사 : 이렇게 멋진 장점을 가진 아이들을 만난 ○학년 ○반 담임 ○○○입니다.

라고 말하며 자연스럽게 자기소개를 하면 된다. 이 방법을 사용하면 교사의 부담도 줄고, 교실 분위기도 훨씬 부드러워진다.

학급 교육과정 소개

이제 1년 동안 운영하고자 하는 학급 교육과정과 특색 활동을 안내한다. 길게 설명할 필요는 없으며, 핵심만 정리하여 설명하면 충분하다.

예시는 다음과 같다.

- 아침 10분 독서 – 읽을 책 집에서 가져 오기
- 매일 수익 숙제 및 담임의 피드백

- 사회 학습 : 중요 개념 암기, 사회 노트 필기, 단원별 사회 퀴즈
- 학교 폭력 예방 약속
- 한 주 정리 시간
- 놀이 시간
- 아이들 스스로 규칙 정하기

학년 특성 안내

새 학년이 시작되면 학부모의 걱정은 자연스럽게 커진다. 특히 사춘기에 접어드는 4~6학년의 경우 걱정이 더욱 많다. 교사가 해당 학년의 특성을 미리 안내하면, 학부모는 안심하고 교사를 신뢰하게 된다.

학년 특성은 학년 부장이나 동학년 교사에게 미리 문의해 두면 도움이 된다. 이 글을 쓰는 교사의 경우 다음과 같이 안내한다.

"아이들을 매일 마주하다 보니 큰 변화가 잘 느껴지지 않을 때가 있습니다. 그런데 작년 한 해를 마무리하며 아이들의 사진을 다시 보니, 3월 새 학기 때보다 여름에 아이들이 훌쩍 자라 있었고, 겨울에는 그보다 더 성장해 있었습니다. 짧은 시간 사이에도 키가 눈에 띄게 크고 얼굴의 분위기까지 달라졌다는 점이 분명하게 느껴졌습니다.

이처럼 눈에 보이는 신체 변화도 큰데, 아이들 마음속 변화는 얼마나 클지 새삼 생각하게 됩니다. 그래서 집에서 학교 이야기를 물어보아도 대답을 잘 하지 않거나, 부모님 말씀에 예민하게 반응하는 모습이 보이더라도 지금은 정서적인 변화가 특히 큰 시기라는 점을 함께 이해해 주시길 바랍니다."

학부모 총회 방명록 작성

학부모 총회에는 참석한 학부모의 성명과 학생 이름을 기록하는 방명록이 있다. 이는 이후 교무실에 제출해야 하므로 반드시 작성해야 한다. 설명하다 보면 잊기 쉬우므로, PPT에 방명록 작성 안내를 미리 띄워 두는 것이 좋다.

위원 모집

한 해 동안 학급과 학교 운영을 위해 학급 대표, 녹색 어머니회, 급식 모니터링 위원, 도서관 위원 등이 필요하다. 이 시간을 활용해 위원을 모집한다.

필요한 인원 수와 활동 내용을 간단히 설명한 뒤, 희망자가 있으면 손을 들도록 안내한다. 학부모 총회에 참석한 학부모에게 최소 한 가지 역할을 부탁드린다고 정중히 양해를 구하면 대부분 협조해 준다.

학사 일정 안내

간혹 특정 학교 행사 일정에 대해 질문하는 학부모가 있다. 이를 대비해 주요 학사 일정을 PPT에 미리 정리해 두면 당황하지 않는다. 보통 1학기 학부모 상담 주간, 학부모 공개 수업, 여름 방학식 정도를 안내하면 충분하다. 정확한 날짜가 필요할 경우에는 사전에 학년 부장이나 업무 담당자에게 확인하면 된다.

03. 학부모 상담 주간 준비와 진행

이제 3월 새 학기, 학부모 총회를 마치고 한숨 돌렸는데 학부모 상담 주간이 찾아온다. 학부모 상담 주간은 보통 3월 말에서 4월 초에 실시한다. 학교마다 다르나 2학기 첫 달에도 학부모 상담 주간이 있는 학교도 있다. 신규 교사로서 가장 긴장되는 일이다. 하지만 교사로서 아이의 장점을 말해주고, 학교에서 수업 시간, 쉬는 시간, 점심 시간에 어떻게 지내는지를 자세히 설명해주면 학부모는 '담임 선생님께서 내 아이에게 깊은 정성과 관심을 쏟고 있구나'라고 생각하며 호의적인 태도를 보인다.

학부모 상담 준비

첫째, 학생 관찰 및 기록

학부모 상담 전에 학생을 미리 관찰하고 기록해 두는 것이 좋다. 상담 자리에서 즉각적으로 떠올려 말하기보다, 사전에 정리된 기록이 있으면 훨씬 안정적으로 상담을 진행할 수 있다.

2000학년도 (여:명 남:명 계:명)

1		<먼저.> ☑ 전학생 친해지기 활동함. ☑아침에 와서 청소, 급식당번이 아닌데 스스로 나서서 함. <교우관계> ☑쉬는시간에 친구들과 젠가놀이, 탑쌓기, 다트 등을 하며 잘 어울려 놂 <학업> ☑항상 수업시간에 제일 열심히 발표하고 수업 집중도도 높음 ☑수익도 1,2문제 틀릴 정도로 잘하고, 틀린 문제도 잘 고쳐옴. <다만> ☑ 가끔 수업에 관련 없는 이야기나 그림을 그리려고 함.
2		<교우관계> ☑쉬는시간에 친구들과 슬라임을 만지며 잘 어울려 놂. <학업> ☑수익도 1,2문제 틀릴 정도로 잘하고, 틀린 문제도 잘 고쳐옴. <다만> 말투에서 조금 더 부드러웠으면 하는 경우가 종종 있음. 넌 왤케 자리를 더럽게 썼어? 이거 왜 하는건데요? 이렇게 말하는경우가 있어. 조금 더 부드럽게 말해보자~ 친구가 혹은 선생님이 들었을 때는 가시가 있는 말처럼 느껴질 수 있어~ 라고 말하면 이해하고 바꿔서 표현함.

기록할 내용은 크게 네 가지 정도로 나눌 수 있다.

✦ 교우 관계

먼저 쉬는 시간이나 점심시간에 아이가 무엇을 하며 노는지, 누구와 주로 어울리는지와 같은 교우 관계를 살핀다.

✦ 학업

수익 숙제를 내면 보통 몇 개 정도를 틀리는지, 수업 태도는 어떠한지, 발표를 자주 하는지와 같은 학업과 관련된 모습을 기록한다.

✧ 장점

마지막으로 '인사를 씩씩하게 한다, 발표는 부끄러워서 잘하지 못하지만 그림 그리기는 꼼꼼하게 잘한다'와 같이 아이의 장점이나 칭찬할 점을 함께 적어 둔다.

✧ 개선할 점

개선할 점이 있다면 함께 정리해 두어도 된다. 다만 이를 반드시 말해야 하는 것은 아니다. 아직 말할 용기가 나지 않거나, 상담 분위기를 해칠 것 같다면 굳이 언급하지 않아도 무방하다.

개선할 점을 학부모에게 전달하고 싶다면, "학급에서 '너는 왜 이렇게 자리를 더럽게 썼어?', '이거 왜 하는 건데요?'와 같이 말이 날카롭게 나오는 모습이 있습니다. 친구나 선생님이 들었을 때는 가시가 있는 말처럼 느껴질 수 있어서 '○○아, 부드럽게 말해보자'라고 지도하고 있습니다. 가정에서도 관심을 가지고 지켜봐 주세요."와 같이 설명하면 된다.

둘째, 학부모 상담 사전 기록지 활용

초등교사 커뮤니티인 '인디스쿨'에는 학부모 상담 사전 기록지 자료가 다양하게 올라와 있다. 그중에서 학급 상황에 잘 맞는 자료를 하나 골라 인쇄한 뒤, 학생을 통해 학부모에게 전달하면 된다. 이때 학부모에게는 알림장에 '원활한 학부모 상담을 위하여 학부모 상담 사전 기록지를 학생 편에 보내드렸습니다. 작성하신 후 학생 편에 보내주시길 바랍니다. 자녀가 보지 않았으면 하는 내용이 있다면 작성하여 봉투에 넣고 풀칠해서 보내주시면 됩니다.'라고 안내하면 충분하다. 사전 기록지를 미리 받아보면 학부모들이 어떤 부분을 가장 궁금해 하는지 자연스럽게 파악할 수 있다. 이를 통해 상담 시간에 어떤 내용을 중심으로 이야기해야 할지 방향이 잡히고, 상담 역시 훨씬 수월하게 진행된다.

셋째, 학생들에게 속마음 학습지 배부하기

속마음 학습지도 초등교사 커뮤니티인 인디스쿨에 '학생 상담지'라고 검색하면 다양하게 올라와 있다. 그중에서 원하는 자료를 골라 다운로드한 뒤, 학부모 상담 주간 전에 아이들에게 배부하고 작성하는 시간을 갖는다. 이때 아이들에게는 절대 친구들에게 공개하지 않고 선생님만 읽을 것이니 편안한 마음으로 솔직하게 써 달라고 안내하면 된다. 보다 솔직한 답변을 위해 작성 시간에는 짝꿍과 책상을 떨어뜨리도록 하고, 학습지를 제출할 때에도 뒤집어서 선생님에게 가져오도록 한다. 속마음 학습지를 읽어보면 아이들이 현재 학급을 어떻게 느끼고 있는지, 어떤 생각과 감정을 가지고 있는지를 잘 파악할 수 있다. 이러한 내용은 학부모 상담 시간에 자연스럽게 활용하기 좋다. 특히 질문 중에 '부모님에게 가장 많이 듣는 잔소리는?'과 같은 가벼운 문항을 포함하면 상담 분위기를 한층 부드럽게 만들 수 있다. 예를 들어 "아이가 집에서 ○○이라는 잔소리를 가장 많이 듣는다고 적어 두었더라고요."라고 이야기하며 상담을 시작하면, 학부모 역시 긴장을 풀고 편안하게 대화를 이어갈 수 있다.

실전 - 대면 상담

전화 상담보다 대면 상담은 더 긴장되기 마련이다. 그러나 대면 상담을 한 학부모들은 교사의 표정과 말투, 태도를 직접 보았기 때문에 이후에는 교사에게 호의적인 경우가 많다. 처음에는 부담스럽게 느껴질 수 있으나, 학급 운영을 위한 장기적인 관점에서 보면 대면 상담은 교사에게 분명 도움이 되는 과정이다.

대면 상담 시 자리 배치는 칠판 앞에 두 개의 책상을 두고 진행한다. 이때 책상을 정면으로 마주 보게 두지 않고, 그림처럼 비스듬히 배치한다. 정면 배치의 경우 교사와 학부모가 계속 서로를 마주 보게 되어 부담스러울 수 있다. 심리학적으로도 사람은 대화할 때 상대방의 얼굴만 바라보지 않고, 중간중간 시선을 옮기며 듣는다고 한다. 책상을 비스듬히 배치하면 학부모가 교사를 바라볼 수도 있고 옆의 벽이나 다른 방향을 볼 수도 있어 심리적으로 훨씬 편안함을 느낀다. 실제로 정면 배치와 비스듬한 배치를 모두 경험해 보면, 비스듬한 배치가 시선 처리 면에서 훨씬 수월하다는 것을 체감하게 된다.

정해진 상담 시간보다 일찍 와서 교실 문 앞에서 기다리는 학부모도 종종 있다. 이를 예방하기 위해 상담 주간 전에 상담 시간표를 하이클래스에 게시하면서 '대면 상담의 경우, 앞에 전화 상담이 있으므로 일찍 오시지 마시고 정해진 시간에 맞추어 와 주시기 바랍니다.'라고 미리 안내한다.

또한 정해진 상담 시간보다 더 길게 상담을 원하시는 학부모도 있다. 이 경우에는 상담을 시작하기 전에 "상담 종료 시각은 ○○:○○입니다. 뒤에 상담이 없어 10분 정도는 더 가능하지만, 이후 수업 준비와 업무가 있어 더 시간을 드리기는 어렵습니다."라고 미리 안내하면 서로 불편함 없이 상담을 진행할 수 있다.

대면 상담에서 가장 어려운 부분은 첫 인사다. 이때는 가볍게 분위기를 풀어주는 말로 시작하면 부담이 줄어든다. 예를 들어, 교사가 "학부모님들께서 상담 며칠 전부터 어떤 옷을 입고 와야 할지 고민을 많이 하신다고 하시더라고요."라고 말하면, 학부모가 "네, 조금 긴장되었어요."라고 답하는 경우가 많다. 이어서 "첫 학부모 상담에서는 학부모님께서 교사가 1년 동안 아이를 이해하는 데 도움이 될 만한 이야기를 들려주시면 됩니다. 성격이나 건강 상태, 집에서는 주로 무엇을 하는지, 공부는 어떻게 하는지 편하게 말씀해 주세요."라고 안내하면 자연스럽게 상담의 방향이 잡힌다.

이후에는 교사가 미리 관찰하여 기록해 둔 내용과 학부모 상담 사전 기록지, 아이들이 작성한 속마음 학습지를 함께 보며 상담을 이어가면 된다. 이렇게 준비된 자료를 바탕으로 상담을 진행하면 대화의 흐름이 끊기지 않고, 학부모 역시 교사가 아이를 세심하게 살피고 있다는 인상을 받게 된다.

실전 - 전화 상담

전화 상담의 기본적인 흐름은 대면 상담과 동일하게 진행하면 된다. 교사가 미리 관찰하여 기록해 둔 내용과 학부모 상담 사전 기록지, 아이들이 작성한 속마음 학습지를 함께 보며 상담을 이어가면 충분하다.

다만 전화 상담의 경우, 시작 전에 통화 상태를 먼저 확인하는 것이 필요하다. 간혹 소리가 잘 들리지 않거나 통신이 불안정한 경우가 있기 때문이다. 이를 확인하지 않고 상담을 진행하면 중요한 내용이 전달되지 않거나 서로 여러 번 되묻게 되어 상담 흐름이 끊길 수 있다.

첫 인사는 다음과 같이 시작하면 부담이 적다.

"안녕하세요, 학부모님. 신청하신 상담 시간에 맞춰 전화드렸습니다. 지금 상담 가능하실까요? 통신 상태는 괜찮으실까요? ○○이는 학교생활에 대해 집에서는 어떻게 이야기하나요?"

이와 같이 통화 상태를 먼저 확인한 뒤, 아이의 학교 생활에 대한 질문으로 자연스럽게 상담을 시작하면 학부모도 한결 편안한 마음으로 이야기를 나누게 된다.

04. 민원 대응 기본 매뉴얼

학부모의 민원이 접수되면 누구나 긴장하게 된다. 최근 학부모 민원과 관련된 여러 사건들로 인해 교권에 대한 고민이 깊어지면서, 더욱 복잡한 감정이 들기도 한다. 그러나 민원 상황일수록 혼자 감당하려 하기보다, 절차에 따라 차분하게 대응하는 것이 교사 자신을 지키는 데에도 중요하다.

첫째, 바로 전화 받지 않기

학부모로부터 연락이 오더라도 즉시 전화를 받지 않는다. 이때는 "현재 회의 중입니다. 내용을 간단히 남겨주시면 30분 후에 연락드리겠습니다." 라고 메시지를 보낸다. 학부모가 감정이 격앙된 상태로 전화를 하는 경우에는, 교사가 어떤 말을 하더라도 상황이 쉽게 진정되지 않는 경우가 많다. 잠시 시간을 두면 학부모의 감정이 가라 앉을 수 있고, 교사 역시 대응할 시간을 확보할 수 있다. 이 시간 동안 해당 학생에게 최근 어떤 일이 있었는지 학급 일지를 살펴보고, 어떤 순서로 어떤 표현을 사용해 설명할지 미리 메모를 해두면 도움이 된다.

둘째, 같은 학년 교사와 관리자에게 조언 구하기

민원 내용이 파악되면 같은 학년 선생님들께 상황을 공유하고 조언을 구한다. '이런 상황에서 학부모에게 연락이 왔는데, 어떻게 대응하면 좋을지'를 묻는 것만으로도 마음이 한결 가벼워진다. 만약 업무적인 내용이어서 학년 내에서 판단하기 어렵다면, 교감 선생님이나 교장 선생님께 상황을 설명하고 조언을 구한다. 관리자의 조언을 미리 듣고 대응하면 이후 문제가 커졌을 때도 혼자 판단해 움직였다는 부담을 줄일 수 있고, 보다 안정적으로 대응할 수 있다.

학부모 민원은 신규 교사에게 특히 부담이 크지만, 모든 민원을 혼자 감당해야 할 필요는 없다. 시간을 벌고, 기록을 확인하고, 동료와 관리자에게 도움을 요청하는 것만으로도 대응의 방향이 훨씬 분명해진다.

Manual

중간 발령 교사를 위한 가이드

08.

Chapter

Class
Survival
Manual

중간 발령 교사를 위한 가이드

08. Chapter

중간 발령이 나면 여러 가지 생각이 들기 마련이다. 이 글을 쓰는 교사 역시 9월 1일자 중간 발령을 받아 당시 많은 고민을 했다. 기존 담임 선생님을 좋아하던 아이들이 자신을 잘 따라 주지 않으면 어쩌나 하는 걱정을 하였고, 학부모들이 기존 선생님과 자신을 비교하지는 않을지 염려하며 잠을 이루지 못한 날도 많았다.

그러나 이를 긍정적으로 바라보면, 아이들은 이미 기존 담임 선생님의 지도를 통해 기본적인 생활 습관이 형성되어 있을 가능성이 크다. 또한 아이들과 1년이라는 긴 시간을 함께 보내는 것이 아니라 비교적 짧은 기간 동안 학기를 마무리하게 되므로 심리적 부담이 덜하다고 볼 수 있다.

중간 발령 후 첫 주의 활동은 Chapter 1에서 안내한 3월 새 학기 첫 주 활동과 동일하게 운영하면 된다. 이 시기에는 수업 진도를 나가는 것이 우선이 아니다. 수업 진도가 일주일 정도 늦어진다고 해서 큰 문제가 발생하지는 않는다.

새 학기 첫 주와 마찬가지로 아이들과 새롭게 라포를 형성하고, 새로운 학급 규칙을 함께 만드는 것부터 시작하는 것이 바람직하다. 이를 통해 학급 분위기를 안정시키고 이후의 학급 운영을 보다 수월하게 할 수 있다.

01. 놀이로 라포 다시 쌓기

새로운 교사를 만나면 아이들은 낯설어하며 새로운 교사의 지도를 쉽게 따르지 않기도 한다. 이때 가장 중요한 것은 모두가 알고 있듯이 라포를 형성하는 일이다. 라포를 가장 빠르게 쌓는 방법 중 하나는 놀이를 활용하는 것이다. 오늘 놀이를 할 것이라고 안내하면 아이들은 자연스럽게 기대감을 보인다. 여기에 교사도 함께 놀이에 참여한다고 하면 아이들은 더욱 큰 반응을 보이며 즐거워한다.

라포 형성에 있어 눈맞춤과 웃음은 매우 효과적인 요소이다. 이 두 가지를 동시에 자연스럽게 실천할 수 있는 활동이 바로 놀이다. 놀이 과정 속에서 아이들과 교사는 서로의 눈을 마주치며 환하게 웃게 된다. 추천 놀이와 놀이 지도 방법은 Chapter 4에서 설명한 내용을 그대로 적용하면 된다.

02. 학급 규칙 새로 세우기

아이들은 이미 기존 선생님과 함께 만든 규칙이 있기 때문에 여러 상황에서 “예전 선생님은 이렇게 안 하셨어요.”, “옛날 선생님은 이렇게 했는데요.”와 같은 말을 자주 한다. 그래서 아이들을 만나는 첫날에 바로 규칙 만들기 활동을 한다.

이때 교사가 먼저 “여러분은 옛날 선생님과 함께 만든 규칙이 있지요? 선생님은 그 규칙을 아직 잘 모릅니다. 하나씩 말해줄 수 있을까요?”라고 말한다. 아이들이 다양한 규칙을 이야기하면 이를 칠판에 적는다. 그런 다음 “선생님이 오늘 오후에 차근차근 하나씩 살펴보겠습니다. 다만 몇 가지는 선생님과 여러분이 함께 새로운 규칙으로 다시 만들어 보려고 합니다. 예를 들면 자리 바꾸기 같은 규칙입니다.”라고 안내하며, 교사가 생각한 방식으로 규칙을 바꾸는 이유를 함께 설명한다. 그러면 아이들도 비교적 쉽게 수긍한다.

학급 규칙 정하기는 Chapter 1에서 설명한 내용을 그대로 적용하면 된다. 이어서 “여러분은 왜 옛날 선생님과 만든 규칙을 바꿔야 하는지 잘 이해되지 않을 수도 있습니다. 하지만 이제 ○학년 ○반은 옛날 선생님과 여러분이 함께 만드는 교실이 아니라, 선생님과 여러분이 함께 만들어 가는 교실이기 때문입니다.”라고 설명한다. 마지막으로 “그 대신 옛날 선생님과는 다른 점도 있지 않나요? 예를 들면 놀이 같은 것 말이에요.”라고 말하면, 아이들은 “맞아요. 선생님은 놀이를 많이 해주셔서 좋아요.”와 같은 긍정적인 반응을 보이며 새로운 규칙을 자연스럽게 받아들인다.

03. 담임 인사 편지

중간 발령이 나는 경우에는 학부모에게 담임 교사가 보내는 편지를 준비하는 것이 좋다. 학부모들 역시 담임 교사가 바뀐다는 사실을 이미 알고 있을 가능성이 크며, 이로 인해 아이의 학교생활과 학급 분위기에 대해 걱정을 하게 된다. 이러한 걱정을 줄이기 위해 담임 편지는 매우 중요한 역할을 한다.

담임 편지에는 본 교사가 어떤 교육관을 가지고 있는지, 학급을 어떤 방향으로 운영할 것인지, 생활 지도와 학습 지도는 어떤 원칙으로 이루어지는지를 간단하고 분명하게 담는 것이 좋다. 또한 기존 담임 교사가 만들어 놓은 학급의 흐름을 존중하며 아이들이 안정적으로 적응할 수 있도록 돕겠다는 내용을 함께 전하면 학부모의 불안을 한층 낮출 수 있다.

담임 편지는 미리 작성하여 인쇄한 뒤, 첫 발령 날 아이들에게 나누어 주며 부모님께 전달해 달라고 안내한다. 다만 실제 현장에서는 한두 명의 학생이 이를 깜빡하고 전달하지 않는 경우가 종종 발생한다. 이러한 상황을 대비하여 동일한 내용을 하이클래스에 함께 게시해 두면 모든 학부모가 빠짐없이 내용을 확인할 수 있어 안정적인 안내와 신뢰 형성이 가능하다.

담임 인사 편지

_출처 : 「학교폭력, 멈춰!」, 문채현 저

안녕하세요. ○월 ○일부터 ○학년 ○반 아이들과 함께하게 된 담임교사 ○○○입니다. 직접 만나 인사를 나누면 좋겠으나, 우선 편지로 인사를 전합니다.

담임교사가 바뀐다는 소식을 아이들을 통해 전해 들으신 뒤, 학부모님께서도 여러 가지 걱정을 하셨으리라 생각합니다. 이에 교사가 앞으로 어떤 방향으로 학급을 운영하고자 하는지 기본적인 계획을 안내하고자 합니다.

먼저, 학교폭력이 없는 평화로운 교실을 만들고자 합니다. 아무리 학습을 열심히 하고 즐겁게 생활하더라도, 학급 안에서 폭력이 발생한다면 그 어떤 활동도 의미를 가지기 어렵다고 생각합니다. 교사는 학교폭력이 발생하지 않도록 평소 학급을 면밀히 살피고, 소외되는 학생이 없도록 지속적으로 관심을 기울이겠습니다. 혹시 교사가 학급을 맡기 이전인 ○월 ○일 이전에 발생한 학교폭력 관련 사안이 있다면, 상담을 통해 알려 주시기를 부탁드립니다.

다음으로, 놀이로 하나 되는 학급을 만들고자 합니다. 아동기에서 놀이는 매우 중요한 활동이며, 요즘처럼 방과 후 일정이 바쁜 환경에서는 그 중요성이 더욱 크다고 생각합니다. 아이들은 놀이를 통해 자연스럽게 사회성을 기르고, 친구들과 관계를 맺으며 다양한 경험을 하게 됩니다. 이에 매주 한 시간씩 정기적인 놀이 시간을 운영하고자 합니다. 이 시간은 특히 소외되기 쉬운 학생들에게도 친구들과 어울릴 수 있는 기회가 될 것이며, 이러한 경험이 쌓이면서 쉬는 시간이나 점심시간에도 자연스럽게 함께 어울리는 모습으로 이어질 것이라 기대합니다.

마지막으로, 모두가 주인이 되어 함께 책임지는 학급을 만들고자 노력하겠습니다. 교육은 구성원 모두가 참여하며 자신의 권리와 책임을 함께 배워 가는 과정이라고 생각합니다. 이를 위해 매주 '한 주 정리' 활동을 통해 학급 생활을 돌아보고, 함께 논의하며 결정하는 시간을 갖고자 합니다. 학습 분위기 조성, 학급 규칙 마련 등의 과정에 아이들이 직접 의견을 내고 참여하도록 지도하겠습니다. 서로의 생각이 다를 수 있음을 경험하고, 조율하며 합의해 나가는 과정을 통해 민주주의와 자치의 가치를 자연스럽게 익힐 수 있도록 돕겠습니다.

앞으로 아이들이 안정된 환경 속에서 즐겁게 학교생활을 할 수 있도록 최선을 다하겠습니다. 가정에서도 많은 관심과 협조를 부탁드립니다.

○○○○년 ○월 ○일

담임 교사 ○○○

Manual

전담 교사의 생존법

09.

Chapter

Survival

전담 교사의 생존법

09.
Chapter

전담 교사는 담임에 비해 조금 더 편하다는 인식이 있지만, 전담 교사도 나름의 고충이 있으며 신규 교사라면 전담 교사 역시 처음 맡는 것이므로 어려울 수 있다고 본다. 특히 발령 전에 기간제 교사로 전담 교사를 맡는 경우도 많다. 담임교사의 지도와 구분되는 점이 있어 이해를 돕고자 설명한다.

01. 규칙 안내하기

담임 교사가 학생들을 처음 만난 날 규칙을 정하듯이, 전담 교사도 동일하게 한다. 각 과목마다 정하는 규칙은 다를 것이다. 담임 교사의 경우 수업 시수가 많으므로 학생들이 스스로 규칙을 정할 수 있는 시간을 마련할 수 있지만, 전담 교사는 수업 시수가 적어 그러기 어렵다. 그러므로 교사가 규칙을 미리 만들어 놓고 이를 안내한다고 설명한다. 이때 '수업 시간 규칙은 이것이다.'라고 엄포하듯이 말하면 아이들은 반감을 가지고 따르지 않는다. 규칙을 하나씩 설명해 주면서 이 규칙들이 필요한 이유를 함께 설명해 주면 아이들은 잘 따른다. 아래의 규칙들을 참고하여 자신에게 맞게 수정해서 안내하면 된다. 그리고 전담실 앞 게시판에 이를 인쇄해 붙여 놓아 아이들이 볼 수 있도록 한다.

과학 규칙 예시

집중 구호 : 숫자 1, 2, 3

- 숫자 1 : 집중
- 숫자 2 : 차렷
- 숫자 3 : 손머리

"선생님이 손가락으로 1을 들어 올리면 '집중'이라고 외치며 집중합니다. 손가락으로 2를 만들면 '차렷'이라고 외치며 차렷 자세를 합니다. 3을 만들면 '손머리'라고 외치며 손머리 자세를 합니다. 지금 여러분이 떠들고 있는 상황이라고 가정하고 옆 친구와 이야기해 봅시다. 이제 선생님이 손가락을 들어 보겠습니다."

안전이 제일

"과학 시간에는 실험 활동을 하므로 안전이 제일 중요합니다. 반드시 실험 전에 선생님이 안내하는 주의 사항을 잘 귀 기울여 듣고 꼭 따라 주세요."

유리 실험 기구는 항상 조심해서 다루기

"유리는 깨질 수 있어 매우 조심해서 다루어야 합니다. 절대 맨손으로 만지지 말고 항상 장갑을 착용하고 만집니다. 특히 다른 모둠원이 유리 기구를 씻으러 갈 때 책상 밖으로 발을 빼지 않습니다. 발에 걸려서 넘어질 경우 유리가 깨지면서 크게 다칠 수 있기 때문입니다."

실험 중 장난 절대 금지

"실험 중 장난은 절대 안 됩니다. 불이나 유리를 사용하는 실험에서는 크게 다칠 수 있기 때문입니다."

과학실에서 뛰지 않기(쉬는 시간에도)

"과학실에는 다양한 물건들이 많으므로 절대 뛰지 않습니다. 과학실이 교실보다 넓어 쉬는 시간에 뛰며 노는 학생들이 많은데, 절대로 하지 않습니다."

영어 규칙 예시

서로 도와주기

"영어는 저마다 실력이 다를 수 있습니다. 그렇다고 해서 서로를 무시하면 안 됩니다. 모둠 활동을 하다 보면 "너는 왜 아무것도 안 하고 있어? 빨리 해."라고 소리치는 학생들이 있습니다. 그럴 때는 소리치기보다는 "잘 모르겠어? 도와줄까?"라고 물어봅시다. 친구들에게 도움을 요청하는 것이 부끄럽다면 선생님께 물어보면 되며, 선생님은 언제든지 도와주겠습니다."

집중 구호 : 숫자 1, 2, 3

- 숫자 1 : 집중
- 숫자 2 : 차렷
- 숫자 3 : 손머리

"선생님이 손가락으로 1을 들어 올리면 '집중'이라고 외치며 집중합니다. 손가락으로 2를 만들면 '차렷'이라고 외치며 차렷 자세를 합니다. 3을 만들면 '손머리'라고 외치며 손머리 자세를 합니다. 지금 여러분이 떠들고 있는 상황이라고 가정하고 옆 친구와 이야기해 봅시다. 이제 선생님이 손가락을 들어 보겠습니다."

영어 구호

"여러분 반마다의 구호가 있을 겁니다. 영어 수업 시간만을 위한 영어 구호를 사용할 겁니다. 선생님이 'Class'라고 말하면 여러분이 'Yes!'라고 외치면 됩니다. 여러 번 연습해 봅시다."

02. 라포 형성 핵심 포인트

아이들은 보통 '담임 선생님'이라는 존재 자체를 호의적으로 인식하고, 비교적 절대적으로 따른다. 반면 전담 교사를 포함한 다른 교과 교사에게는 일정한 거리를 두거나 배타적인 태도를 보이기도 한다. 이 때문에 전담 교사일수록 의식적으로 아이들과 라포를 형성하려는 노력이 필요하다. 한 학급을 일주일에 두세 시간 정도만 만난다고 해서 라포 형성을 소홀히 하면, 이후 학생 지도나 갈등 상황에서 더욱 곤혹을 겪게 된다. 짧은 만남일수록 첫인상과 초기 관계 형성이 중요하다.

03. 첫 수업은 놀이로 시작하기

아이들과 라포를 형성하는 가장 효과적인 방법은 '놀이'다. 첫 수업 시간에 간단한 선생님 소개와 규칙 안내를 한 뒤, 짧은 놀이를 진행하면 40분 수업 시간이 알차게 마무리된다.

책상을 크게 옮길 필요가 없고 규칙이 단순한 놀이로는 '폭탄 놀이'가 적합하다. 과학 시간과 영어 시간에 맞게 활용할 수 있도록 각각의 진행 방법을 아래에 소개하겠다.

과학 시간 - 폭탄 놀이

✧ 준비물 : 천 주사위(혹은 말랑말랑한 공), 불안하게 만드는 배경 음악과 폭탄 터지는 효과음이 포함된 PPT

1. 교사가 폭탄 역할을 하는 천 주사위를 한 학생에게 건넨다.
2. 학생은 '과학 수업 시간에 하면 안 되는 행동'을 한 가지 말한 뒤 모둠원에게 폭탄을 건넨다.
3. 모둠원의 모든 학생이 한 번씩 말했다면, 다른 모둠으로 폭탄을 넘긴다.
4. 다른 모둠도 같은 방식으로 진행한다.
5. 음악이 재생되다가 폭탄 터지는 효과음이 울리는 순간, 폭탄을 들고 있는 학생을 기준으로 해당 라운드를 마무리한다.

주의사항

- 공은 반드시 양옆 사람에게 손으로 건네준다.
- 멀리 있는 사람에게 던지지 않도록 사전에 충분히 안내한다.
- 공을 던질 경우, 해당 라운드는 쉬게 할 것이라고 미리 설명한다.

이 놀이는 '과학 수업 시간에 하면 안 되는 행동'을 말로 표현하게 함으로써, 학생들이 스스로 규칙을 인식하고 내면화하도록 돕는 데 목적이 있다. 폭탄을 가지고 있을 때 효과음이 울렸다고 해서 탈락시키지는 않는다. 놀이에서 누군가를 배제하거나 기회를 박탈하는 방식으로 운영하지 않는다고 분명히 안내한다.

영어 시간 - 폭탄 놀이

✧ 준비물: 천 주사위(혹은 말랑말랑한 공), 불안감을 주는 배경 음악과 폭탄 터지는 효과음이 포함된 PPT

1. 교사가 폭탄 역할을 하는 천 주사위를 한 학생에게 건넨다.
2. 책상을 조금 밀어 동그랗게 원을 만든다.
3. 학생은 '가장 좋아하는 색깔'을 영어로 한 가지 말한 뒤 옆 사람에게 폭탄을 건넨다.
4. 같은 방식으로 놀이를 반복한다.
5. 폭탄 터지는 효과음이 울리면 해당 라운드를 마무리한다.

주의사항

- 공은 반드시 양옆 사람에게 손으로 건네준다.
- 멀리 있는 사람에게 던지지 않도록 사전에 충분히 안내한다.
- 공을 던질 경우, 해당 라운드는 쉬게 할 것이라고 미리 설명한다.

놀이 주제는 '가장 좋아하는 과일, 색깔, 동물' 등으로 바꾸어 활용할 수 있으며, 모두 영어로 말하도록 한다.

게임을 시작하기 전에 영어 시간 규칙 중 하나인 '서로 도와주기'를 반드시 지켜야 한다고 다시 한번 강조한다. 다른 학생이 말하지 못하고 머뭇거릴 경우, 옆 친구가 도와주어도 된다고 안내한다. 이 놀이는 누군가가

이기기 위한 게임이 아니라, 모두가 참여하는 데 의미가 있다고 분명히 말해 주는 것이 중요하다.

04. 전담 교사가 꼭 신경 써야 할 일들

학생 특성 미리 파악하기

수업을 시작하기 전, 각 학급의 담임 교사에게 메신저로 학생 명렬표를 요청하면서 수업 중 특별히 주의를 기울여야 할 학생의 이름과 특징을 함께 여쭙는다. 학습 태도나 또래 관계에서 어려움이 있는 학생뿐만 아니라, 수업 활동 중 질환이 발생할 수 있는 경우도 반드시 사전에 확인한다.

예를 들어, 강한 빛에 반응하는 광과민성 발작과 같은 질환이 있는 학생이 있는지 미리 파악해 두면, 실험 영상이나 PPT 자료를 준비할 때도 보다 세심하게 조정할 수 있다. 이러한 사전 준비는 안전한 수업 환경을 만드는 데 큰 도움이 된다.

해당 과목에 대한 전문성 자연스럽게 드러내기

아이들은 교사가 해당 과목에 대한 전문적인 역량을 갖추고 있음을 느낄 때, 교사의 말을 더 신뢰하고 수업에도 적극적으로 참여한다. 예를 들어 한 개념을 설명하며 "이 내용은 초등 교육과정에는 없지만, 중학교나 고등학교에 가면 배우게 될 개념이다."라고 덧붙이면, 모든 내용을 완전히 이해하지는 못하더라도 아이들은 "오~"라며 흥미로운 반응을 보인다. 이러한 말 한마디가 교사를 '전문적인 선생님'으로 인식하게 만든다.

특히 영어 과목의 경우, 원어민처럼 유창하게 말하는 학생들이 종종 있기 때문에 교사 역시 영어를 잘한다는 인상을 줄 필요가 있다. 활동을 안내할 때 영어로 먼저 설명한 뒤 한국어로 다시 정리해 주는 방식처럼, 자연스러운 영어 회화를 보여주면 아이들은 교사의 수업에 더욱 집중한다.

05. 담임이 아니어서 말 안 들을 때, 대처법

아이들은 사실 담임 교사의 수업 시간보다 전담 교사의 수업 시간에 조금 더 소란스러워지는 경향이 있다. 이는 아이들이 가족의 시선에서 벗어나면 더 장난을 치고 자유롭게 행동하는 것과 비슷하다. 여기에 더해 과학실, 영어실과 같은 특별 교실로 이동하는 것 자체가 아이들의 흥분도를 높이는 요인이 되기도 한다. 그래서 전담 수업에서는 사전에 학생 지도에 대한 기준을 분명히 세워 둘 필요가 있다.

문제 학생 지도 방법은 Chapter 2의 '교육부 학생 지도법 개정 살펴보기'를 적용하면 된다. 수업 중 일부 학생이 문제 행동을 보일 경우, 학교에서 정해 둔 학생 지도 절차에 따라 일관되게 지도한다.

현재 필자가 근무하고 있는 학교의 학생 지도 단계는 다음과 같다.

학교마다 표현이나 세부 단계에는 차이가 있을 수 있으나, 전반적인 흐름은 대체로 비슷하다. 학기 초에 생활 인성 부장님께 학생 대응 매뉴얼을 요청해 미리 숙지해 두면 실제 상황에서 큰 도움이 된다.

1. 문제 행동을 한다.
2. 교실 앞에 있는 지정석에 착석한다.
3. 교실 뒤에 세운다.
4. 복도에 세운다.
5. 교무실로 보낸다.
6. 학부모에게 전화하여 귀가 조치한다.

문제 행동이 반복되는 학생이 있다면 학기 초에 다음과 같이 미리 안내한다.

"학교에는 정해진 학생 지도 단계가 있다. 문제 행동이 나타나면 지정석, 교실 뒤, 복도, 교무실, 귀가 조치 순서로 바로 지도할 예정이다."

이처럼 지도 기준을 사전에 공표한 뒤, 실제 상황이 발생하면 감정 개입 없이 절차대로 진행한다. 교사의 감정이 개입되지 않을수록 학생 지도는 오히려 더 단호하고 안정적으로 이루어진다.

매 수업 시간마다 심한 문제 행동을 반복하는 경우에는, 사전에 담임 교사에게 상황을 공유하는 것이 좋다. 예를 들어 "수업 중 행동이 심할 경우 담임 교실로 보내도 괜찮을지, 혹은 학생 지도 규정에 따라 교무실로 보내도 괜찮을지"를 미리 상의한다. 담임 교사는 해당 학생의 생활 전반을 책임지고 있으며, 학부모 연락 역시 담임이 담당하는 경우가 많기 때문에 사전 공유는 필수적이다. 이러한 협의 과정은 담임과의 신뢰를 쌓는 데에도 도움이 된다.

업무 적응하기

10.

Chapter

Class
Survival
Manual

업무 적응하기

10. Chapter

신규 교사에게 가장 큰 걱정거리는 학생과 학부모이고, 그 다음이 업무일 것이다. 일반 회사와 달리 학교에서는 업무 담당자가 처음부터 끝까지 모든 과정을 책임지는 경우가 많아 부담이 더 크게 느껴진다.

다행인 점은 학교 업무가 생사가 달린 일이 아니라는 것이다. 실수가 곧바로 돌이킬 수 없는 결과로 이어지는 일은 거의 없다. 처음이니 배우는 과정이라고 생각하고, 차근차근해 나가면 된다. 모르는 것이 있으면 물어보고, 틀리면 고치면 된다. 그렇게 해도 충분하다.

01. 업무 매뉴얼 인쇄하기

업무를 익히기 위해 가장 기본이 되는 자료는 교육청에서 배포하는 업무 매뉴얼이다.

예를 들어 경기도의 경우, [경기도교육청 홈페이지] → [행정정보] → [학교업무매뉴얼] → [초등]의 순서로 들어가면 학업성적관리, 체육교육, 미래

교육 등 다양한 업무 매뉴얼을 내려받을 수 있다. 자신이 맡은 업무 매뉴얼을 찾아 내려받으면 된다. 경기도교육청 홈페이지에서 '매뉴얼'이라고 검색해도 쉽게 찾을 수 있다.

제8편 인성시민교육

단위업무		다운로드
1. 인성교육	2. 디지털 시민교육	다운로드
3. 세계시민교육	4. 학교교육공동체 인권교육	

제9편 체육교육

단위업무		다운로드
1. 생존수영교육	2. 학교스포츠클럽	다운로드
3. 학생건강체력평가제(PAPS)		

이 매뉴얼은 가능하다면 인쇄해서 보기를 권한다. 업무를 하다 보면 관리자가 갑작스럽게 관련 내용을 묻는 경우가 있는데, 이럴 때 "교육청 매뉴얼에는 이렇게 나와 있습니다."라고 근거를 들어 설명하면 훨씬 수월하다. 또한 업무 방향이 헷갈릴 때 기준을 잡아 주는 역할도 해 준다. 매뉴얼은 단순한 참고 자료가 아니라, 신규 교사에게 가장 든든한 보호막이 된다.

02. 문서 등록 대장에서 작년 공문으로 흐름 익히기

처음 업무를 맡으면 무엇부터 해야 할지 막막할 수 있다. 이럴 때는 작년 업무의 흐름을 먼저 파악하는 것이 좋다. 전반적인 일정과 반복되는 업무를 알게 되면 불안이 줄어들고, 시기에 맞춰 업무를 처리하기도 훨씬 수월해진다.

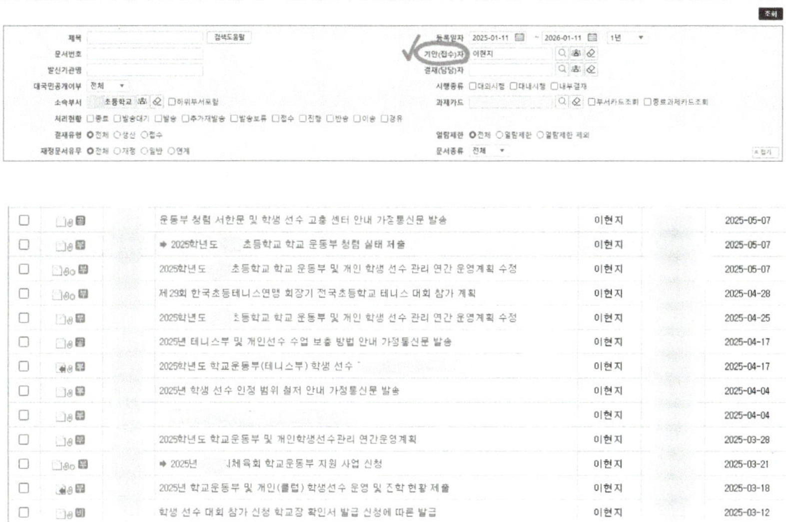

공문을 작성하고 결재를 올리는 시스템인 'K-에듀파인'에 접속해 [문서함] → [문서등록대장(다년도 검색)]으로 들어간다. 검색창에 '기안(접수)자' 항목이 있는데, 여기에 작년 업무 담당자의 이름을 입력하면 해당 교사가 작성했던 공문 목록을 확인할 수 있다. 이 중 주요 공문을 캡처해 두고, 어떤 시기에 어떤 업무가 있었는지 주기적으로 살펴보며 흐름을 익힌다.

이 방법은 업무를 미리 연습하는 효과가 있다. 실제로 공문을 작성해야 하는 시기가 되었을 때, 이미 한 번 본 내용이라는 점에서 마음의 여유가 생긴다. 신규 교사에게 가장 큰 부담은 모른다는 불안인데, 작년 기록을 통해 그 불안을 상당 부분 줄일 수 있다.

03. 모르는 것이 있으면 바로 묻기

신규 교사로서 가장 힘든 순간 중 하나는 모르는 것이 있을 때 질문하는 일이다. 다른 선생님들 모두 바빠 보이는데, 괜히 질문을 해서 업무 시간을 빼앗는 것은 아닌지 여러 생각이 들기 때문이다. 그럼에도 불구하고 모르는 것이 있다면 바로 물어보는 것이 가장 좋다. 시간을 끌수록 불안은 커지고, 업무는 더 꼬이기 마련이다.

문제는 '무엇을 누구에게 물어야 하는지'를 모른다는 점이다. 이는 신규 교사들이 공통적으로 겪는 가장 큰 고충 중 하나다. 아래의 기준을 알고 있으면 질문이 훨씬 수월해진다.

실무사님

학교의 소소한 규칙이나 행정적인 절차가 헷갈릴 때는 교무실 실무사님께 여쭈어보면 된다. 학교 전반의 흐름과 관행을 잘 알고 계셔서 빠르게 방향을 잡을 수 있다.

작년 업무 담당자

업무와 관련해 모르는 것이 있을 때는 해당 업무를 작년에 맡았던 담당자에게 물어보는 것이 가장 빠르다. 실제로 어떤 방식으로 처리했는지, 주의해야 할 점은 무엇인지 구체적으로 알려줄 수 있다.

교육청 업무 담당 주무관

작년 담당자도 잘 모르거나, 업무 매뉴얼에 내용이 모호하게 적혀 있는 경우에는 교육청 업무 담당 주무관에게 문의하는 것이 가장 정확하다. 교육청 주무관의 이름은 공문에서 확인할 수 있다. 공문을 가장 아래까지 내려보면 '○○○ 주무관'이라고 담당자 이름이 적혀 있다. 이름을 확인한 뒤 교육청 메신저에서 검색해, 궁금한 내용을 정리해 메시지로 보내면 된다.

업무 부장님

내가 맡은 업무의 부장님이 있다면, 관리자에게 결재를 올리기 전에 먼저 부장님께 검토를 요청하는 것이 좋다. "이러한 내용으로 보고를 드리려고 하는데 괜찮을까요?"라고 여쭤보면 방향을 바로잡는 데 도움이 된다.

교감 선생님

업무 부장님도 판단하기 어려운 내용이거나 학교 차원의 결정이 필요한 사안이라면 교감 선생님께 보고드린다.

교장 선생님

업무 매뉴얼을 보면 '학교장 재량'이라는 표현이 생각보다 자주 등장한다. 이 경우에는 교장 선생님께 직접 찾아뵙고 조언을 구하는 것이 가장 정확하다.

04. 다른 선생님들의 공문 캡처하기

공문 작성은 처음 맡으면 어디서부터 시작해야 할지 막막할 수 있다. 이럴 때는 다른 선생님들이 작성한 공문을 캡처해 그대로 따라 쓰는 것이 가장 빠르고 안전한 방법이다.

공문 확인 방법 : [K-에듀파인] → [문서함] → [문서등록대장]

특히 K-에듀파인 사이트는 공문 작성 창을 여러 개 동시에 띄울 수 없다. 작성 중인 문서 하나만 열어 둘 수 있기 때문에, 다른 선생님이 작성한 공문을 미리 캡처해 저장해 두고 이를 보면서 작성하면 훨씬 수월하다. 형식과 표현을 그대로 참고하면 공문 작성에 대한 부담이 크게 줄어든다.

05. 도움이 되는 곳

E-다산 현장지원(경기도교육청 한정)

https://edasan.goe.go.kr/

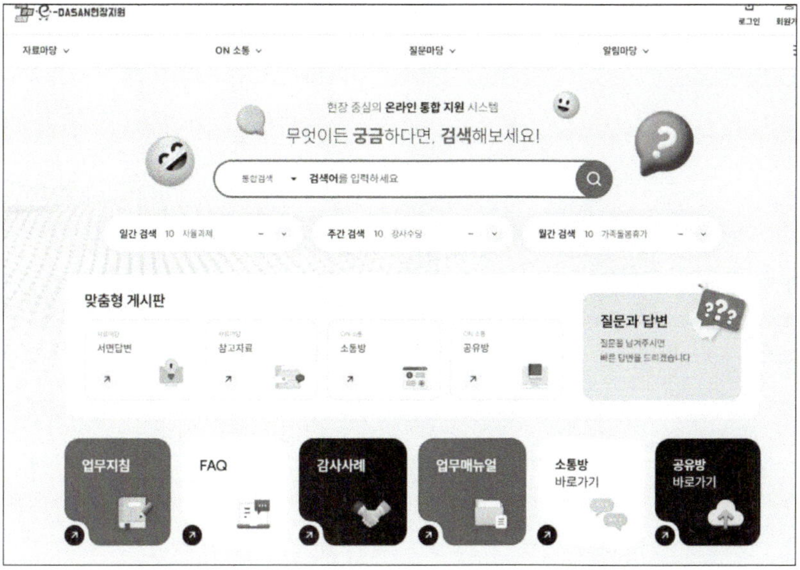

'E-다산 현장지원' 사이트에서는 다양한 공문 사례와 감사 사례를 확인할 수 있다. K-에듀파인의 문서 등록 대장에서는 일반 교사가 열람할 수 있는 공문이 제한적이지만, 이 사이트에서는 키워드를 검색하면 관련된 공문을 폭넓게 살펴볼 수 있다.

또한 매뉴얼에 모호하게 표현된 내용으로 인해 관리자와 교사 사이에 해석 차이가 생기는 경우가 있는데, 이와 관련해 교육청에서 답변한 사례나 감사 결과를 함께 확인할 수 있어 매우 유용하다. 업무 기준을 잡는 데 큰 도움이 된다.

기막힌 쌤의 진짜 교직 실무

현직 교사가 K-에듀파인 공문 작성 방법과 나이스 시스템의 생활통지표 작성 방법 등을 설명해 주는 유튜브 채널이다. 실제 화면을 띄워 놓고 단

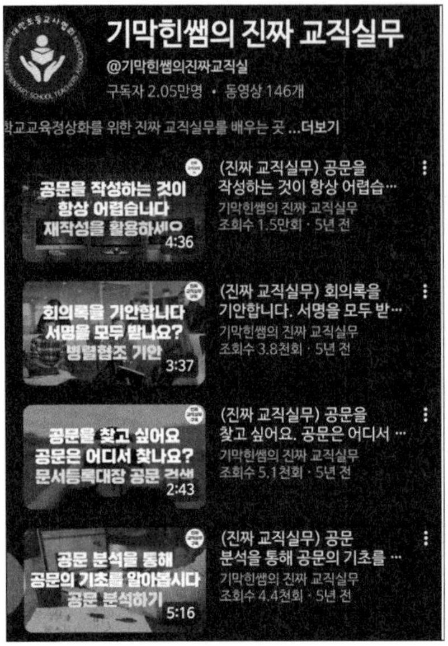

계별로 설명해 주기 때문에 이해하기 쉽다.

다른 선생님들이 모두 바빠 보여 질문하기 어려울 때, 영상을 보며 하나씩 따라 해 보기 좋다.

특히 발령 전 혹은 방과 후 시간에 여유가 있다면, 차분히 시청하며 익히는 것을 추천한다.

Manual

전학생이 왔어요

11.

Chapter

Survival

전학생이 왔어요

11. Chapter

학생 시절에는 잘 느끼지 못하지만, 전학생이 온다는 사실은 교사에게도 긴장되는 일이다. 괜찮은 학생일지, 혹시 지도에 어려움이 있는 학생은 아닐지 여러 가지 걱정이 앞선다. 그러나 교사와 아이들이 전학생을 환영하고 자연스럽게 관심을 기울이는 분위기를 만들어 준다면, 전학생은 비교적 빠르게 학급에 적응하게 된다.

01. 전학생 인터뷰

전학생을 소개한 뒤, 반 아이들과 전학생이 서로에게 궁금한 점을 묻고 답하는 활동이다. 처음 만나는 어색함을 줄이고, 학급 분위기를 부드럽게 만드는 데 효과적이다.

✧ 준비물

포스트 잇 약 30장

✦ 활동 방법

1. 전학생에게 궁금한 점을 자유롭게 손을 들어 말하도록 한다.
2. 교사는 아이들이 말한 질문을 칠판에 적어 다양한 질문 예시를 제시한다.
3. 반 아이들에게 포스트 잇을 한 장씩 나누어 주고, 전학생에게 궁금한 점을 한 가지씩 적도록 한다.
4. 전학생에게는 포스트 잇 세 장을 주고, 학교·학급·친구·선생님에 대해 궁금한 점을 적도록 한다.
5. 전학생이 먼저 자신이 적은 질문을 소리 내어 읽고, 아이들이 이에 답한다.
6. 반 아이들이 작성한 포스트잇은 앞으로 제출하게 한 뒤 교사가 섞는다.
7. 학생은 포스트잇을 하나씩 뽑아 질문을 소리 내어 읽고 답한다.

Tip

- 아이들은 처음에 어떤 질문을 해야 할지 막막해하는 경우가 많다. 활동에 들어가기 전에 자유롭게 질문을 말하게 하고, 교사가 이를 칠판에 적어 주면 도움이 된다.
- 전학생이 뽑은 질문이 이미 앞에서 나온 질문과 같을 경우에는 다른 포스트 잇을 고르도록 안내한다.

02. 전학생 미션

전학생 미션은 교사가 학교 시설이나 학급 운영 방법을 일일이 설명하지 않아도, 아이들이 자연스럽게 전학생을 도와줄 수 있도록 설계한 활동이다. 전학생과 기존 학생들이 함께 움직이며 친해질 수 있는 기회를 제공한다는 점에서도 의미가 크다.

✦ 운영 방법

1. 학생들에게 전학생 미션 쪽지를 나누어 준다.
2. 미션 수행 기간은 일주일로 정한다.
3. 일주일이 지난 뒤, '한 주 정리' 시간에 미션을 수행하며 느낀 점을 자유롭게 이야기하도록 한다.

학교 도서관에 함께 가서 위치와 이용 방법 설명해 주기	정수기가 어디에 있는지 함께 가서 알려 주고 물 마시고 오기	화장실 위치를 함께 가서 안내해 주기	대걸레가 어디에 있는지 알려 주고 청소하는 방법 설명해 주기	우리 반의 학급 특색 활동 안내해 주기
급식실에 함께 가서 위치 알려주기	우리 반의 좋은 점 한 가지 이상 알려 주기	우리 반의 좋은 점 한 가지 이상 알려 주기	우리 선생님의 좋은 점 알려 주기	1인 1역할에는 어떤 역할이 있는지 하나씩 설명해 주기
전학생과 함께 하교하기	전학생과 함께 하교하기	전학생과 함께 하교하기	전학생과 함께 하교하기	전학생과 함께 하교하기
점심 시간에 전학생과 함께 놀기	점심 시간에 전학생과 함께 놀기	점심 시간에 전학생과 함께 놀기	점심 시간에 전학생과 함께 놀기	점심 시간에 전학생과 함께 놀기
쉬는 시간에 전학생과 함께 놀기	쉬는 시간에 전학생과 함께 놀기	쉬는 시간에 전학생과 함께 놀기	쉬는 시간에 전학생과 함께 놀기	쉬는 시간에 전학생과 함께 놀기

전학생과 함께 하교하고 노는 미션을 일부러 여러 개 포함했다. 함께 놀면서 자연스럽게 친해질 수 있기 때문이다. 이러한 활동을 통해 전학생은 학급에 소속감을 느끼고, 기존 학생들은 배려와 책임감을 배우게 된다.

03. 전학생 학부모와 소통하기

전학생 학부모 역시 아이가 새로운 학교에 등교하는 첫 날, 걱정이 많을 수밖에 없다. 학교 생활에 잘 적응할 수 있을지, 반 아이들과는 잘 어울릴 수 있을지 여러 가지 생각이 들기 때문이다. 이 첫 날에 교사가 먼저 연락을 하면, 학부모는 마음의 문을 열고 이후 교사의 지도 역시 신뢰하는 태도로 받아들이게 된다.

통화 예시

교사 : 안녕하세요, 학부모님. ○학년 ○반 담임 ○○○입니다. 오늘 전학 첫날이었는데, 아이가 집에 가서 어떻다고 하던가요?

학부모 : 선생님과 아이들이 잘 환영해 주어서 좋았다고 하더라고요.

교사 : 다행입니다. 오늘 ○○이가 긴장하지 않고 씩씩하게 자기소개를 잘해 주었습니다. 전학생 인터뷰 활동을 통해 기존 학생들과 서로 궁금한 점을 묻고 답하는 시간도 가졌습니다. 또 일주일 동안 전학생 미션 활동을 진행할 예정입니다. 정수기, 화장실, 급식실 위치를 아이들이 직접 안내해 주고, 쉬는 시간과 점심시간에 함께 놀도록 하는 활동입니다.

○○이가 친구들과 자연스럽게 친해지고 학급에 잘 적응할 수 있을 거라 생각합니다. 혹시 더 궁금한 점이 있으실까요?

✱학부모 : 아니요, 없습니다.

●교사 : 그럼 제가 담임으로서 ○○이에 대해 미리 알아 두어야 할 사항이 있다면 말씀해 주시길 바랍니다.

✱학부모 : 사과 알레르기가 있어서 급식 시간에 사과 섭취는 피했으면 합니다.

●교사 : 네, 알겠습니다. 주의 깊게 살펴보겠습니다. 또 궁금한 점이 생기시면 언제든지 연락해 주세요.

이처럼 전학생 첫날에 어떤 활동을 했는지, 학급 분위기가 어떠했는지를 구체적으로 안내하면 학부모는 걱정을 한결 덜게 된다. 또한 교사가 학생에 대해 알아야 할 사항을 먼저 묻는 과정에서, 학부모는 교사가 아이에게 관심과 정성을 기울이고 있다는 인상을 받게 된다. "언제든지 연락 달라"는 말 한마디는 학부모에게 큰 안도감을 준다.

그 외 꿀팁

12.

Chapter

Class
Survival
Manual

그 외 꿀팁

12. Chapter

01. 하이클래스 사용 방법

하이클래스란 초등 수업 자료를 제공하는 아이스크림 사이트에서 만든 것으로 학부모, 학생과 전화, 문자, 알림장 작성 및 전송을 할 수 있는 플랫폼이다. 사이트가 있어 컴퓨터로도 접속이 가능하며 어플이 있어 휴대폰으로도 가능하다. 편리한 점은 통화 녹음이 가능하고 퇴근 시간 후에는 알림이 오지 않도록 기능을 설정할 수 있는 것이다.

주소는 https://www.hiclass.net/ 이다.

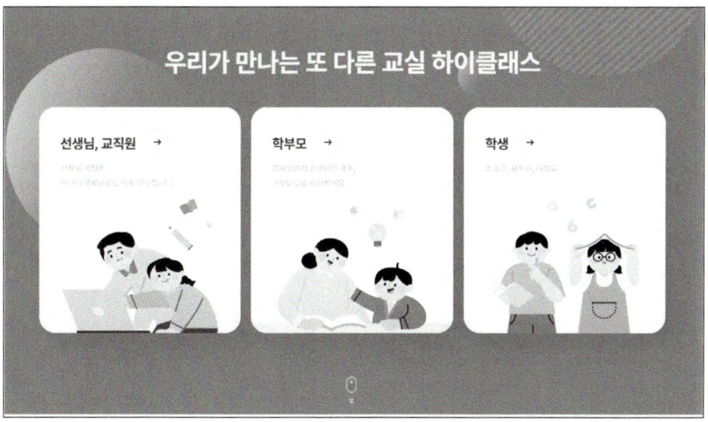

❶ 처음 접속하면 나오는 화면이다. 왼쪽에 있는 '선생님, 교직원'을 클릭한다.

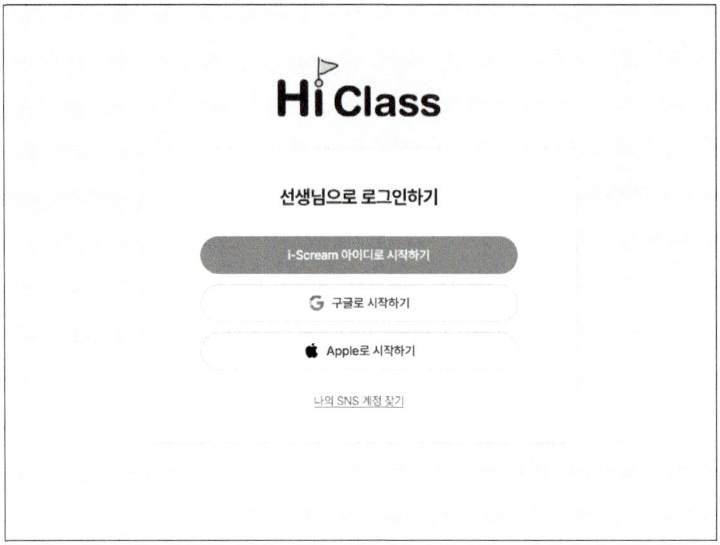

❷ 원하는 계정을 선택하여 로그인한다.

❸ '새 클래스 만들기'를 클릭한다.

❹ 내용에 해당하는 대로 입력한다.

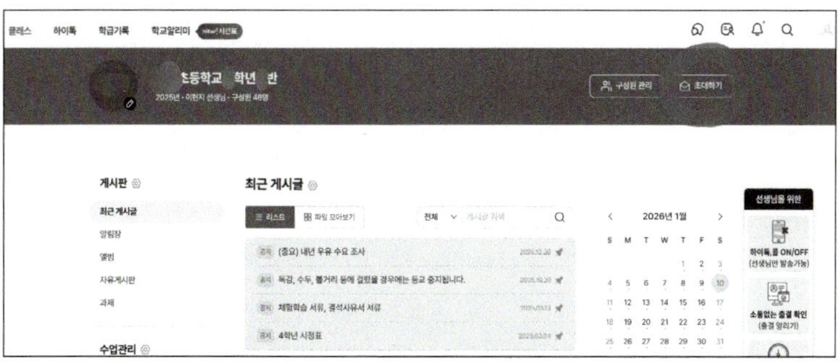

❺ 그러면 클래스가 개설된다. 우측 상단에 있는 '초대하기'를 클릭한다.

학급 소식 확인을 위한 하이클래스 APP 설치 안내

학부모님 가정에 평안과 건강을 기원하며 한가지 안내 말씀드립니다.
학급 알림장과 학교 소식을 보다 편리하게 전달해 드리고자 아래와 같이
하이클래스 APP 설치를 안내드리오니 많은 참여 부탁드립니다.

하이클래스 App 설치 및 가입 방법

1. 구글 플레이스토어 or 앱스토어에서 '**하이클래스**' 앱 검색
2. 앱 설치 완료 후 회원가입
3. 회원가입이 완료되면 아래 그림과 같이 **클래스 가입**

가입안내

1. '초대 코드로 가입'클릭
2. 초대코드 숫자 입력 또는 복사후 붙여넣기 (본 안내문 하단에 기재)
3. 자녀이름 입력 (예: 홍길동)
4. 가입완료 버튼 클릭

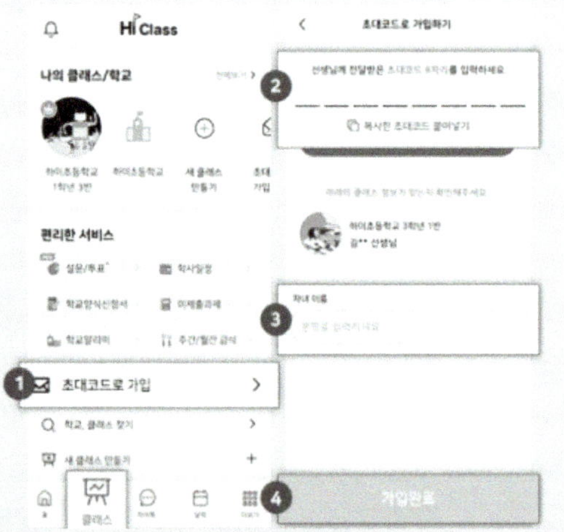

초대 코드: **197**

(우리반 학생, 학부모만 가입할 수 있도록 초대코드는 타인에게 공유하지 말아주세요.)

4. 가입이 완료되면 알림장은 물론 다양한 서비스를 이용하실 수 있습니다.

❻ '초대장 인쇄하기'를 클릭하면 위와 같은 가정통신문을 PDF 파일로 내려받을 수 있다. 이것을 학생 수 만큼 인쇄하여 3월 새학기 첫 날 나누어 준다.

3월 새학기 첫 날

1. 담임 편지 및 준비물 체크 리스트
2. 4학년 시정표
3. 첫 날 알림장

이 세 가지를 미리 써두고 임시 저장하거나 예약 전송을 해두면 좋다.

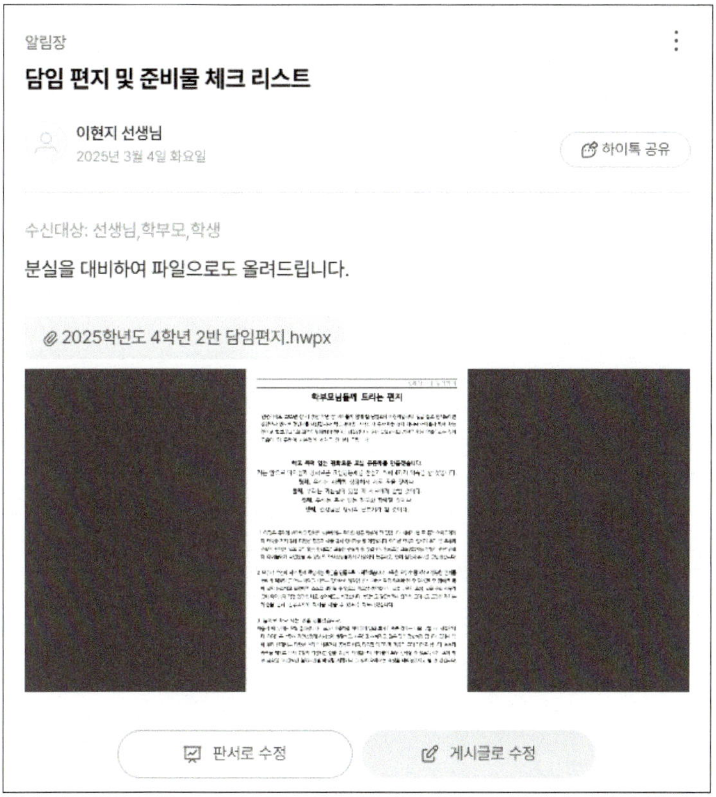

알림장

4학년 시정표

이현지 선생님
2025년 3월 4일 화요일

하이톡 공유

수신대상: 선생님, 학부모, 학생

화요일: 6교시
그 외 요일 : 5교시 입니다.

*급하게 연락이 필요하신 경우에는
시정표에서 수업시간을 피하고 쉬는 시간에 연락주시길 바랍니다^^

2025 시정표.pdf

알림장

3월 4일 (화) 알림장

이현지 선생님
2025년 3월 4일 화요일

하이톡 공유

수신대상: 선생님, 학부모, 학생

1. 내일까지 부모님 싸인 받아서 제출하기 5개
1) 개인정보동의서
2) 학생 기초 자료 조사서
3) 행정정보 동의서
4) 건강조사 및 응급이송 동의서
5) 하이클래스 동의서

2. 오늘 받은 안내문
1) 담임 편지 및 준비물 체크리스트
2) 하이클래스 초대코드

3. 오늘까지 부모님 하이클래스 가입하라고 알려드리기
4. 화요일만 6교시. 다른 요일은 모두 5교시.
5. 내일 5교시. 청소 후 1시 50분쯤에 끝날 예정입니다.

02. 잔소리 없이 조용히 시키는 법

학급에는 한 명쯤 장난꾸러기 학생이 있기 마련이다. 조용히 딴짓을 하는 학생, 의자를 뒤로 젖힌 채 앉아 있는 학생, 뒤돌아서 친구와 이야기를 나누는 학생, 문제를 풀라고 해도 가만히 있는 학생 등 다양한 모습으로 나타난다.

이럴 때 매번 큰 소리로 주의를 주거나 말을 반복할 필요는 없다.

교사가 아무 말 없이 학생을 바라보며 눈은 정색하고 입은 웃으면서 가만히 쳐다본다. 그러면 학생들은 "네에…" 하고 작은 목소리로 반응하며 자연스럽게 행동을 멈춘다.

이 방법은 교사의 성대도 아끼고, 불필요한 감정 소모 없이 수업 흐름을 되찾는 데 도움이 된다.

03. 정신 없을 때 청소 검사 시키는 요령

아이들 간의 다툼을 해결해야 하는 상황이지만 마침 청소 시간이라면, 반장과 부반장을 활용해 질서를 잡는다.

교사는 먼저 "반장, 부반장은 친구들의 청소 상태를 확인해 주세요."라고 안내한다.

이때 청소를 먼저 끝낸 학생들이 "나 청소 다 했어! 검사해 줘!"라며 소란스러워질 수 있다. 이를 예방하기 위해 청소를 시작하기 전에 미리 이렇게 안내한다. "청소를 다 했다고 검사해 달라고 소리치지 말고, 조용히 자신의 자리에 서 있으세요."

반장과 부반장에게는 "청소를 확인하고 쓰레기가 있으면 주우라고 안내하세요."라고 역할을 분명히 전달한다. 그러면 다른 학생들은 반장과 부반장의 지시에 대해 항의하지 않고 자연스럽게 따르게 된다.

이처럼 역할을 명확히 나누면 교사가 직접 개입하지 않아도 청소 시간이 질서 있게 마무리된다.

04. 업무 중 아이들이 말 걸 때 대처 팁

쉬는 시간에 급하게 업무를 처리하고 있을 때, 학생들이 중요한 일이 아님에도 연이어 말을 걸어 오는 경우가 있다. 이럴 때는 사전에 간단한 약속을 정해 두는 것이 도움이 된다.

수업 시작 전, 학생들이 모두 자리에 앉아 조용해졌을 때 다음과 같이 미리 안내한다. "선생님 책상 위에 달력이 놓여 있으면 선생님이 바쁜 시간이라는 뜻이에요. 아주 중요한 일이 아니라면 나중에 말해주세요."

이후 탁상 달력을 학생들이 교사에게 다가오는 방향이 보이도록 교사 책상 위에 두어 표시한다. 그러면 학생들은 달력을 보고 스스로 상황을 인식해 말을 걸지 않고 돌아가는 경우가 많다.

이 방법은 불필요한 말을 줄여 주고, 교사가 쉬는 시간 동안 업무에 집중할 수 있도록 도와준다. 작은 장치 하나로 교실의 흐름을 부드럽게 조율할 수 있는 실용적인 방법이다.

05. 쉬는 시간 싸움 중재법

쉬는 시간에 서로 장난을 치다 도망가고, 그 과정에서 다툼으로 번지는 경우가 종종 있다. 특히 방학이 가까워질수록 이런 상황은 더 잦아진다. 이럴 때는 쉬는 시간의 활동을 구조화하는 것이 효과적이다.

다툼이 발생하지 않는 놀이 제시하기

쉬는 시간에 할 수 있는 놀이를 교사가 정해 준다. 예를 들어 "이번 주 쉬는 시간에는 딱지치기만 할 수 있습니다."라고 안내한다. 유튜브 영상을 틀어 주며 딱지를 접게 하면 자연스럽게 놀이에 집중하게 된다. 딱지를 지나치게 두껍게 만드는 것은 금지하고, 색종이만 사용하도록 안내한다. 규칙이 느슨하면 다시 다툼이 생길 수 있다.

공기 놀이도 활용할 수 있으며, 어려워하는 학생에게는 난이도를 낮춘 규칙을 적용하면 된다.

쉬는 시간에 복도 이용 제한하기

쉬는 시간에는 교실 안에서만 놀도록 안내한다. 또한 쉬는 시간에는 다른 반 학생들과 어울려 놀지 않도록 한다. 이는 우리 반 학생들끼리 먼저 친해질 수 있도록 하기 위함임을 함께 설명한다. 대신 점심시간에는 다른 반 학생들과 노는 것을 허용한다고 안내한다.

경험상 장난이 심하거나 문제 행동을 보이는 학생들이 쉬는 시간에 다른 반을 오가며 무리를 형성하고, 그 과정에서 사고가 발생하는 경우가 많다. 쉬는 시간의 공간과 관계를 제한하면 이러한 상황을 예방할 수 있다. 더불어 복도에서 뛰는 행동이 줄어들어 안전사고를 예방하는 데에도 도움이 된다.

뛰어 다닐 경우 즉각적인 결과 제시하기

쉬는 시간에 교실 안에서 뛰는 학생이 있다면, 남은 쉬는 시간 동안 자리에 앉아 있도록 한다.

"지금 뛰었으니, 이번 쉬는 시간은 자리에서 보내세요."라고 간단하게 안내하면 된다. 즉각적이고 일관된 대응은 행동을 빠르게 교정하는 데 효과적이다.

쉬는 시간 1분 일찍 정리하기

상황에 따라 쉬는 시간을 1분 정도 일찍 마무리하는 것도 방법이다. 예를 들어 49분이 되면 종을 치고 자리에 앉도록 안내한다. 수업 전 분위기를 차분하게 만드는 데 도움이 된다.

06. '쌤~ 다 했어요!'에 대처하는 스마트한 답변

활동을 시키고 나서, 칠판에 다음과 같이 적어 둔다.

미술 활동을 다 하면

1. 책상 정리하고 쓰레기 버리기

2. 미니 빗자루 꺼내서 자리 청소하기

3. 친구 도와주거나 독서하기

국어 문제 다 풀었다면

1. 국어 활동 교과서 78~82쪽 풀기

2. 독서(국어 활동도 다 했다면)

수행평가를 다 했으면

1. 수행평가지에 이름을 썼는지 확인

2. 앞에 제출

3. 독서하기

07. 상습 지각생 지도

자주 지각하는 학생이 반마다 꼭 한 명쯤은 있다. 상습 지각생을 지도하는 방법은 아래와 같다.

혼내지 않기

늦게 왔다고 바로 혼내지 않는다. 지각해서 교실을 들어오면 눈만 한 번 마주치고, 굳이 아는 체를 하지 않는다. 지각에 대한 주목을 최소화하기 위함이다.

개별 지도하기

수학 학습지를 풀고 있거나 비교적 여유 있는 날을 골라 따로 부른다.

교사 : ○○아, 휴대폰 가지고 나오세요.(준비물은 휴대폰이다.)

현실 알려 주기

교사 : ○○아, 네가 그동안 지각을 많이 했잖아. 선생님은 지금까지 혼내지는 않았지만, 중학교에 가면 무단 지각으로 바로 기록돼. 사실 선생님도 지금 무단 지각으로 기록해야 해. 그런데 너를 위해서 하지 않은 거야. 그래서 중학교 올라가기 전에는 꼭 고쳐야 해.

그 다음 이렇게 물어본다.

교사 : ○○이는 몇 시에 일어나?
학생 : 8시 30분이요.
교사 : 알람 맞추니?
학생 : 맞추긴 하는데요…….
교사 : 몇 시에 맞추는데?
학생 : 8시 20분이요…….

알람 함께 맞추기

교사 : 8시 20분은 너무 늦어. 자, 휴대폰 꺼내 봐. 선생님이랑 같이 알람 맞추자. 8시 10분부터 시작해서 5분 간격으로 맞출 거야. 이렇게 여러 개 맞춰 두는 거야.

책임 강조하기

교사 : 이제 너는 어린아이가 아니야. 유치원생도 아니고 초등학생이야. 부모님 도움 없이 알람 듣고 스스로 일어나는 거야.

08. 가방 문 잠그기 습관 만들기

반 년 내내 "가방 문 잠가라.", "오픈 마인드 그만해라.", "열린 가방에 넘어지면 크게 다친다." 이 말을 몇 번을 했는지 모른다.

수없이 이야기했는데도 전혀 바뀌지 않아서, 결국에는 교사가 괜히 화내는 사람처럼 보이던 상황이었다. 그래서 "이제부터 가방 문을 안 잠그면, 쉬는 시간마다 1분씩 자리에 가만히 앉아 있어야 해."

그랬더니 바로바로 잠근다.

지도 방법

국어 시간처럼 아이들이 조용히 글을 읽고 있을 때 교실을 한 바퀴 돌며 가방 문을 잠그지 않은 학생을 확인한 뒤 칠판에 이름을 적는다. 칠판에 이름이 적힌 학생은 즉시 가방 문을 잠그고, 쉬는 시간이 시작되면 1분 동안 자리에 앉아 있다가 이후에 쉬는 시간을 시작한다. 이러한 절차를 미리 학생들에게 안내한다.

부작용

교사가 말하지도 않았는데 "선생님! 얘 가방 문 안 잠갔어요!" 하고 알려 주는 학생들이 생긴다. 그럴 때는 "얘들아, 선생님만 검사하는 거야. 너희는 그냥 조용히 하면 돼."라고 안내하면 금방 정리된다.

09. 줄 세우기 팁

아이들과 손 기호 약속하기

말로 여러 번 설명하지 않아도, 손 기호만으로 줄을 세울 수 있도록 미리 약속해 두면 훨씬 수월하다.

한 줄 세우기

- 교사 : "선생님이 왼손, 오른손에 손가락 1개씩을 들고 있으면 여자 1줄, 남자 1줄로 서세요."

두 줄 세우기

두 줄 세우기는 소방 훈련이나 운동회 날처럼 운동장에서 줄을 세워야 할 때 필요하다.

교사 : "선생님이 왼손, 오른손에 손가락 2개씩을 들고 있으면 여자 2줄, 남자 2줄로 서세요."

모이게 하기

강당이나 운동장에서 놀이를 하다가 아이들을 모아야 할 때, 목소리를 크게 쓰지 않고도 가능한 방법이다.

교사 : "선생님이 자유의 여신상처럼 주먹을 들고 있으면 '모여라'라는 뜻이에요. 그때 '모여!'라고 말하면서 선생님한테 오세요."

연습하기

교실에서 연습한다. 아이들에게 일어나서 자유롭게 돌아다니게 한 뒤, 교사의 손기호를 보고 약속한 대로 행동하도록 한다.

Epilogue

신규 선생님들께 드리는 편지

저는 발령 소식을 들었을 때 많이 떨렸습니다. 아마 이 글을 읽고 계신 선생님들께서도 비슷한 마음일 것이라 생각합니다. 저 역시 긴장이 너무 커서 잠시라도 어디론가 도망가고 싶다는 생각을 했습니다. 아무도 없는 산장에 머물며 하루 종일 책만 정리하는 일을 하면 좋겠다는 상상까지 했을 정도였습니다.

현실은 준비해야 할 일이 산더미처럼 쌓여 있었습니다. 해야 할 일은 많은데 마음이 따라 주지 않아 괜히 잠만 늘어지기도 했고, 다시 정신을 차려 준비하면서도 속으로 울음을 삼키는 날들이 이어졌습니다. 그 시기를 지나오며 한 가지를 분명히 알게 되었습니다. 완벽하게 준비된 상태로 교실에 들어가는 교사는 거의 없다는 사실이었습니다. 떨리는 마음으로 출근했다는 것 자체가 이미 큰 용기라는 것도 그때 처음 알게 되었습니다.

발령을 받고 나서 좋았던 순간들도 분명히 있었습니다. 내가 번 돈으로 처음 해외여행을 떠났고, 친구들과 마음껏 웃으며 시간을 보냈습니다. 새로운 취미를 시작해 보기도 했고, 학교 일이 버겁게 느껴지는 날에는 금요일 저녁 기차를 타고 바다를 보러 훌쩍 떠났습니다. 그런 작은 순간들이 다시 월요일을 버틸 수 있는 힘이 되어 주었습니다.

무엇보다 가장 큰 힘이 되어 준 존재는 아이들이었습니다. 꼬깃꼬깃 접어 건네준 하트 모양의 종이, 선생님의 모습을 떠올리며 그려준 그림, 포스트잇에 '선생님 사랑해요'라고 적어 조심스레 내민 쪽지, 스승의 날마다 한가득 전해지는 아이들의 편지들. 아이들에게서 받는 솔직한 호의와 따뜻한 말 한마디 덕분에 제 자존감이 조금씩 올라갔습니다. 사랑을 받으니 다시 사랑을 건네고 싶어졌고, 그 마음을 아이들이 또 고맙게 받아 주었습니다. 그 모습 덕분에 저는 다시 힘을 낼 수 있었습니다.

지금도 많이 떨리고 계실 것이라 생각합니다. 오늘도 무사히 출근했다면, 그것만으로도 이미 충분히 잘 해내고 계신 것입니다. 하루를 잘 지나보낸 것만으로도 신규 교사로서는 이미 높은 점수를 받은 것입니다. 긴장한 마음으로 교실 문을 열고 들어간 그 한 걸음만으로도 이미 백 점입니다.

그러니 너무 스스로를 몰아붙이지 않으셔도 괜찮겠습니다. 잘 해내고 싶어서 떨리고, 책임감을 느끼고 있다는 사실 자체가 이미 좋은 교사로 가고 있다는 증거입니다. 오늘도 출근하신 것만으로 정말 잘 해내셨습니다.